柘植誠子・藤原牧子・松元早苗・園田育代・向井秀幸 著

ミネルヴァ書房

はじめに

　日々の保育を営む上で，保育者の言葉かけは必要不可欠であることはいうまでもありません。しかしながら，保育の中で，適切な言葉かけが見つからずどうしていいか戸惑ったという声が多く聞かれます。「時間に追われ，つい感情的に言ってしまった」「実習で一人ひとりに適した言葉かけができなかった」「とっさにどのような言葉かけをすればいいのか出てこなかった」「意欲を引き出す言葉かけを知りたい」など，読者の皆さんもこのような経験をされたことはありませんか。

　そもそも「言葉かけ」はなぜ必要なのでしょう。また言葉かけの子どもに与える影響はどのようなものなのでしょうか。ここでは言葉かけの意義について述べておきたいと思います。

　言葉かけは，子どもとの関係を作る上でとても重要です。しかし，その場しのぎの言葉かけには注意を払わなければなりません。しっかりとした根拠に基づいた言葉かけを行うことが必要となります。何のために言葉かけをするのか目的をしっかり定めなければなりません。この言葉かけをすることで何を育てようとしているのか，また逆に，子どもがこうなって欲しいからこの言葉かけをするといった保育のねらい（心情，意欲，態度）を意識し，一人ひとりに適した言葉かけを，その場その場に応じて行うことが重要となります。たとえ言葉が話せない乳児であっても，保育者が言葉かけをすることで情緒が安定し，愛着が形成されていきます。また，子どもの思いに寄り添った言葉かけは子どもの成長に大きくつながります。つまり，日常行われている言葉かけは，そう簡単なものではなく，とても意味深いものであることを認識し実践していく必要があるのです。保育者の言葉かけは子どもの成長に大きく関わっていることを理解し，一人ひとりの子どもに適切な言葉かけを行いましょう。

　私たち筆者は，皆さんの言葉かけに対しての悩みを少しでも解決できればと

思い本書を作成しました。筆者全員が自身の長年の保育経験に基づいて，生活場面ごとに言葉かけの事例を編集しました。また，幼児編，乳児編に分けて活用しやすくしました。皆さんが本書を読み終えた頃には，おそらく言葉では言い表せない，何とも言えない心の温もりや優しさを実感されることと思います。まさしく，これが「保育の真髄」なのです。

保育者の言葉かけに子どもが耳を傾け，心に届く言葉かけを是非，保育現場で活かしていただき，よりよい子どもの成長につなげていただくことを願っております。

2017年11月30日

柘植 誠子

〈本書のねらい〉
　保育内容の全体構造を理解する。
　保育実践事例に触れ，具体的な保育技術や保育方法を身に付ける。
〈到達目標〉
　子どもの育ちに即した言葉かけができる。
　子ども理解からみる言葉かけができる。
　子どもの意欲や興味・関心を引き出す言葉かけができる。
　子どもと共感する言葉かけができる。
〈キーワード〉
　言葉かけ，子ども理解，信頼関係，愛着形成，受容，応答。

目　次

はじめに

第 1 章　朝の出会い …………………………………………… 1

幼 児 編 ………………………………………………………… 2

乳 児 編 ………………………………………………………… 8

Column 1　お休みできてうれしい　12

Column 2　鬼みたいな声　13

Column 3　何も言ってくれなかった……　14

Column 4　登園の条件　15

第 2 章　朝の準備 ………………………………………………… 17

幼 児 編 ………………………………………………………… 18

乳 児 編 ………………………………………………………… 23

第 3 章　好きな遊び ……………………………………………… 25

幼 児 編 ………………………………………………………… 26

乳 児 編 ………………………………………………………… 36

Column 5　天使の声　42

Column 6　芋 掘 り　43

Column 7　ねえ，先生，聞いて　44

第 4 章　片 付 け …………………………………………………… 45

幼 児 編 ………………………………………………………… 46

乳 児 編 ………………………………………………………… 48

第5章 排　泄 ·························· 51

幼 児 編 ·· 52

乳 児 編 ·· 54

Column 8　濡れちゃった〜　58

Column 9　うんち出る！　59

第6章　手 洗 い ·························· 61

幼 児 編 ·· 62

乳 児 編 ·· 64

第7章　クラスでの活動 ··················· 65

幼 児 編 ·· 66

乳 児 編 ·· 72

Column 10　先生のは？　77

Column 11　本当に来てくれた‼　78

第8章　昼　食 ·························· 81

幼 児 編 ·· 82

乳 児 編 ·· 86

Column 12　自分でする　94

第9章　午　睡 ·························· 95

乳 児 編 ·· 96

Column 13　大好きだから，思わず……　101

目　次

第10章　おやつ　103

幼児編　104

乳児編　106

第11章　降園の準備　111

幼児編　112

乳児編　115

第12章　降　園　117

幼児編　118

乳児編　120

Column 14　ガタンゴトン　122
Column 15　本当は大好きなお母さん　123

挿絵　中村小雪（大阪成蹊大学芸術学部）

第1章

朝の出会い

　朝の出会いは、一日のスタートであるため、子どもたちがその日をどう過ごせるかという重要な意味をもっています。子どもたちがどのような気持ちで登園してきたのかしっかり受け止めることが大切です。朝は慌しく形式的な関わりになりがちですが、朝こそ時間をかけて、一人ひとりの思いを汲み取りながら心を込めて朝の出会いをしましょう。また、乳児は、昨日からの家庭の様子を保護者からきき取り、きめ細やかな対応ができるようにしておきます。

第 1 章　朝の出会い

 # 幼児編

1　保護者と離れたくなくて泣いているとき

- 「お母さんが大好きだもんね。えらいね」
- 「昨日はおえかき，楽しかったね。今日は何して遊ぼうか」
- 「○○ちゃんがお部屋で待ってるよ。一緒に遊ぼう」

ワンポイントアドバイス

　まずは，保護者とずっと一緒にいたいという気持ちを受け止めるようにします。葛藤する気持ちや頑張りを十分認めて，特に低年齢の場合はスキンシップをとったり，園生活に期待がもてるような言葉かけをしたりしましょう。

2　「おはようございます」の挨拶ができないとき

- 「○○ちゃん，おはようございます。素敵な靴を履いてるね」
- 「○○ちゃん，おはよう！　今日もいっぱい遊ぼうね」

ワンポイントアドバイス

　保育者が子どもの目線に合わせて名前を呼び，笑顔で挨拶をします。しかし，子どもの状態によっては挨拶を返さない場合もあります。そんなときは，身近なものに対して気付きの言葉をかけたり，今日の遊びへの期待をもたせたりするようにします。徐々に，朝の挨拶をすると気持ちがいいという感覚が身につくようにしていきま

しょう。

3 「お母さんがいい」と言って，通園バスに乗ろうとしないとき

- ● 「そうね，お母さんが大好きね」
- ● 「○○ちゃんのこと，先生も大好き。幼稚園でお友だちや先生と遊んで，大好きなお母さんにお話してあげましょうね」

ワンポイントアドバイス

　通園バスは，停車時間が限られています。だからといって無理やり母親から引き離すことは，子どもの思いを受け止めていないことになります。抱っこをして通園バスに乗せた後のかかわり方が大切になります。園での様子を保護者に伝えることも忘れないようにしましょう。

4 「行きたくない！」と言って，保護者の自転車から降りないとき

- ● 「おはようございます。今日も来てくれてうれしいな」
- ● 「先生もお友たちも○○くんを待ってたのよ」

ワンポイントアドバイス

　なぜ，「行きたくない」と言っているのかを考える必要があります。甘えているのか，家庭での生活のリズムに原因があるのか，それとも園生活に問題があるのかを考えて対応しましょう。

5 朝の出席しらべで返事ができないとき

- ● 「○○ちゃん，名前を呼ばれたら『はい！』ってお返事できるか

第1章　朝の出会い

な？」
- 「○○ちゃんも元気に幼稚園に来てくれて，先生うれしいな！」
- 「『はい！』って言うかわりににっこり顔でお返事してくれたね」

ワンポイントアドバイス

　今日も登園してきてくれてうれしいという保育者の気持ちが伝わるようにします。強制するのではなく，子どもの気持ちを考えながら，自信がつくように見守るようにしましょう。

6 保護者から離れて笑顔で登園してきたとき

- 「○○ちゃん，おはようございます。今日は一人で来れたんだね！すごい！　強くなったね」
- 「△△くん，おはよう‼　先生待ってたよ。ちゃんと一人で来れて，お兄さんだね。先生うれしいな」

ワンポイントアドバイス

　昨日は保護者から離れなかった子どもが，翌日は保護者からすんなり離れて登園してきたときは，その姿をしっかり認める必要があります。成長したことを子どもが理解できるように，「強くなった。」「お兄さんになった。」などと具体的な言葉で伝えたり，保育者の気持ちを伝えたりすることで，行動に対して自信をもつこともできるでしょう。

7 「先生，きらい！」と言って，朝のかかわりを拒むとき

- 「悲しいなぁ。先生は○○くんのこと，大好きよ」

幼児編

ワンポイントアドバイス

　子どもは本当に保育者のことが嫌いなのでしょうか？　ほとんどの場合，そうではありませんよね。「好き」という気持ちの裏返しだったり，何か寂しいこと，悲しいことがあってスキンシップを求めていたり，「私に気付いて」と訴えていたりしているのでしょう。

　しかし時には，自分の思いが通らなくて本当に「きらい！」と思っている場合もあります。子どもの表情や声のトーンなどから推測し，思いが通じ合うよう解決しましょう。

8 毎朝，遅刻している子どもが，早く登園できたとき

- 「○○くん，偉い‼　早く来れたね」
- 「△△ちゃん，○○くんが来てくれたよー‼　良かったね。ずっと一緒に遊びたかったものね」

ワンポイントアドバイス

　遅くなったことを決して否定せず，温かく迎えることで，登園が楽しみになるようにしましょう。

> ☀**エピソード**
>
> 　この事例は，母親の都合で登園が遅くなっていたのは承知していたため，保護者にどのようにかかわっていこうか考えていたときの出来事でした。○○くんが照れながらも△△ちゃんと抱き合って喜んでいる様子を母親が見ていたようで，門の陰から姿を現し笑顔で会釈して帰って行かれました。それから，少しずつ早く登園できる日が増えてきました。

第1章　朝の出会い

第1章　朝の出会い

9 欠席が続いている友だちの休みを知った○○くんの「え〜‼　いやだ‼」の言葉に対して

- 「本当ね。早く一緒に遊びたいわね」
- 「○○くん，△△くんのことがとっても大好きなのね」
- 「先生，今日，△△くんのお家にお電話して，○○くんが早く一緒に遊びたいって言ってたって伝えるね」
- 「きっと明日は来てくれるわよ。一緒に遊ぶの楽しみね」

ワンポイントアドバイス

　病気ではなく，家庭の事情で欠席している△△くん。普段はあまり一緒にいるわけではありませんが，たまたま2人で遊んだ時によほど気が合ったのでしょう。そんな友だち思いの○○くんの気持ちに少しでも寄り添える言葉かけをしたいですね。

幼児編

10 しばらく欠席していた友だちが登園してきたとき

- ●「今日は，○○くんの靴箱に，運動靴が入ってるね」
- ●「来てくれてうれしいね」
- ●出席確認の際……「○○くん，元気になって良かったね〜‼」

ワンポイントアドバイス

　欠席していた園児は，自分が休んでいた間の園の出来事が分からないので不安なのです。大人も同じような感情を抱くことがありますよね。

　欠席していた園児のそういう思いを受け止めて，みんなが待っていたことを伝えると，安心できるでしょう。

第1章　朝の出会い

第1章　朝の出会い

乳児編

1 保護者と一緒に登園してきたとき

- 「○○ちゃん，おはよう。先生，○○ちゃんを待ってたのよ」
- 「○○ちゃん，おはよう。先生，○○ちゃんと△△で遊ぼうって待ってたのよ」

ワンポイントアドバイス

　　保護者と一緒に登園してきた子どもに対して，信頼関係を築いている保育者がまるごと受け止める姿勢を伝えます。元気な声と笑顔で保護者から子どもを預かることで，保護者にも安心感が伝わります。

2 登園時，保護者と離れることに不安があるとき

- 「○○ちゃん，おはよう。元気に保育園に来ることができたね。先生，○○ちゃんが来るのを朝早くから楽しみに待ってたの」

ワンポイントアドバイス

　　子どもが，保護者から離れることの不安な気持ちを察しながらも，保育園という集団生活の場に入ろうとする子どもの気持ちを十分に受け止め，認める言葉かけをしましょう。

乳児編

3 元気に登園できたとき

● 「○○ちゃん，朝のご挨拶，上手にできたね。お母さん（お父さん）は，お仕事ね。○○ちゃん，先生と遊ぼうね。（△して遊ぼうね。）お母さん（お父さん）にバイバイしよう」

ワンポイントアドバイス

　子どもが，元気に（機嫌よく）登園してきたときは，保育園にすすんで来たことを認め，子どもの行動について，何か一つ褒める言葉を伝えましょう。子どもが，自信をもって一日の保育園生活を始められるようにしましょう。

4 保護者と離れられない場合

● 「○○ちゃんは，お母さん（お父さん）がいいのよね。一緒にいたいのよね。でもね，お母さん（お父さん），今からお仕事だって。○○ちゃん，先生と一緒にお魚見に行こう。どうかな？」

ワンポイントアドバイス

　泣いて保護者から離れない子どもには，様子を見ながら，かつ，短時間で保護者から子どもを預かります。子どもが泣いて離れないからと，保護者から子どもを預かることをためらっていると，ますます保護者から離れることが難しくなります。保護者から子どもを預かり，抱っこして気持ちを落ち着かせながら，子どもが興味をもつであろうと思われるものに目を向ける，気持ちを向けるようにしていきましょう。個人差はありますが，時間が経つにつれて遊びに入っていくことができます。保護者に対しても，「お子さんは，今

第1章　朝の出会い

9

第1章　朝の出会い

は泣いていますが大丈夫ですよ。」というメッセージを伝え，安心
して職場に向かえるよう気配りをしましょう。

5 登園時，いつも泣いていた○○くんが泣かずに登園してきたとき

- 「○○くん，泣かずに来れたね！　偉いね！」
  ○○くん：「だって△△ちゃんのティッシュがなくなるもん」
- 「そんなこと，考えてあげられるんだね。優しいね」

ワンポイントアドバイス

　　泣くのをやめるためのきっかけ，照れ隠しの発言なのか，それと
も純真な思いなのでしょうか？　泣いている○○くんにいつも
ティッシュをあげていた△△ちゃんへの言葉かけも必要ですね。

6 朝の準備（1歳児）

- 「○○ちゃん，かばんと帽子を○○ちゃんのロッカーに置いてく
  る？」

ワンポイントアドバイス

　　子どもが自分で行動を決められるよう尋ねてみましょう
　　1歳児は一人でできないときも「じぶんで！」と主張する時期で
す。保育者が子どもの行動を決めるのではなく，子どもが思いを表
出できるような言葉かけをしましょう。そして，子どもの様子から
保育者と一緒にする，子どもの行動を見守るなど判断をして関わり
ましょう。

7 朝の準備（2歳児）

- 「○○ちゃん，昨日かばんと帽子を一人で上手に置いていたね。先生，えらいなって見ていたのよ。今日は，どうする？　先生と一緒にする？」
- 「○○ちゃん，今日も一人で上手に置いてこれたね」
  「お姉さん（お兄さん）だね。先生もうれしいなあ」

ワンポイントアドバイス

　2歳児は大人の手を借りずに一度は自分でやってみないと気が済まない時期でもあり，気分にむらがあって，駄々をこねたり，時には赤ちゃんに戻って何でもやってもらいたがる面も見られる時期です。

　まずは，子どもが「自分でしよう」と思える保育者の言葉かけが大切です。

　自分でできたときに子どもは「見て！」と誇らしげな気持ちになります。褒めるだけでなく，子どもの成長を共に喜ぶうれしい気持ちを保育者も子どもに伝えましょう。

Column 1

❊ お休みできてうれしい ❊

　水痘で長期間欠席している○○くんの姉に，○○くんの様子を尋ねました。すると，「幼稚園，お休みできてうれしいって言ってた。」との返答がありました。保育者としては大変ショックな言葉でした。「先生，悲しいなぁ。先生，○○くんのこと大好きなのに……。」「先生は早く元気な○○くんに会いたいって言っておいてくれる？」と伝えました。

　5人兄弟の中で一番年下の○○くん。母親が大好きで，いつも抱っこをしてもらい，とてもかわいがられていました。最近母親が出産をし，それまでのように甘えられなくなっていた中で，幼稚園を休んで一緒にいられる時間が増えてうれしいことを正直に表現したのでしょうね。

　完治して登園したときには，「やっぱり幼稚園が楽しい‼」と思えるように迎えることが大切ですね。そして"幼稚園のお母さん"として接することで，安心して過ごせるようにしましょう。

Column 2

※ 鬼みたいな声 ※

　普段はとても繊細だけど，ユニークな面もある○○ちゃんが，何かある度にハンカチで目を押さえるようになりました。声をかけると「ママが怖い。鬼みたいな声になる。」と話したのです。おそらく家で母親に厳しく叱られたのでしょう。「どうしてかなぁ。今日は先生といっぱい遊びましょうね。○○ちゃんがお友だちや先生と仲良く遊んだこと，先生，お母さんにお話するね。きっと優しい声で褒めてもらえるわよ。」と伝えました。

　母親に子どもの様子を継続して伝えていくことで，子どもの不安も解消されるでしょうし，母親も，一旦自分を省みることができるかもしれませんね。

　こういった場合，母親を責めることはせず，母親の思いを理解し，援助ができるような言葉かけが大切ですね。それが子どもの心の安定へとつながります。

Column 3

※ 何も言ってくれなかった…… ※

　生活発表会の後，子どもたちにお家の人に褒めてもらった話を聞いていると，○○くんが「僕，何も言ってくれなかった。」と寂しそうにつぶやきました。「発表会のとき，○○くんのお母さん，○○くんのこと，ニコニコしながら見てくれていたわよ。」と伝えました。

　母親が温かい目で見ていたことは事実です。きっと，何か理由があって○○くんを褒めるタイミングを逃したのでしょう。

　こういった場合は，保護者に直接話をするか連絡帳などを利用して，○○くんの発表会までの頑張っていた様子や，本番での活躍を伝え，○○くんが家庭でしっかりと褒めてもらえる環境を整えることが大切ですね。

Column 4

❋ 登園の条件 ❋

　入園以来，担任になかなか馴染めず，顔見知りだった養護教諭に依存することが多かった○○くん。朝は，「シール（出席ノート）を貼ったら帰る」という条件で，しぶしぶ保育室に入ってくるのです。ぶつぶつ文句を言いながら……。シールを貼っても帰れないことがわかるとままごと用の畳に伏して，サメザメと泣き続けるのです。保育者があの手この手でかかわってもダメ……。

　時には養護教諭に委ねながらも，クラスに戻れるタイミングを見て，声をかけ続けました。

　ある日，母親が迎えに来たとき，○○くんが「僕ね，あのおねえちゃん，あっ，あの先生好き‼」と言ってくれていたのです。その視線は○○くんが大好きな養護教諭ではなく，保育者の方を向いていたのです。

　その日は○○くんと一緒にたくさん遊んで，たくさん笑った日でした。保育者の中では『一緒に遊んだ』という記憶だったことが，子どもの中ではとても大きな出来事であったことを痛感しました。「一緒に遊ぼう」という言葉かけのもつ力の大きさを再確認しました。

第2章

朝の準備

　基本的生活習慣を身につける上で，かばんをロッカーに入れたり，タオルを掛けたり，また，着替えや出席ノートにシールを貼るなど日々の繰り返しの中で習慣づけていくことが大切です。気持ちが興味のある遊びに向いてしまい，持ち物の始末をしない子どもも見受けますが，焦らず様子を見守りながら言葉かけをしましょう。また，朝の準備ができていない子どもに対する注意ばかりにならないように気をつけましょう。できていない子どもに目が向きがちですが，できている子どもを認めることで，できていない子どもも刺激を受けて，すすんでしようとすることもありますので，なるべく認める言葉かけをおこないましょう。

第2章 朝の準備

 # 幼児編

1 元気がなく，靴箱から保育室に入るまでにかなりの時間がかかるとき

- 「○○ちゃん，おはようございます！　今日も来てくれてうれしいなぁ」
- ちょっぴり元気がないみたいだから，先生心配だなぁ。お部屋に入ってお話聞かせてくれる？」

ワンポイントアドバイス

　朝，家庭で何かあったのも知れませんね。決して「早く」という言葉は使わずに，時間をかけて寄り添いたいですね。ただ，○○ちゃん以外の子どもへのかかわりも大切です。○○ちゃんの様子をしっかり確認しながら，他の子どもたちへの言葉かけも忘れないようにしましょう。保育者が○○ちゃんに関わることも大切ですが，友だちが気付いて○○ちゃんに声をかけてくれるような友だち関係が築けていることが理想ですね。

　保育室に入ることができ気持ちが落ち着いたようなら，スキンシップを取りながらゆっくり話を聞きましょう。

　○○ちゃんに声をかけてくれた子どもたちへの「ありがとう」も忘れないように……。

幼児編

2 母親からは離れるが，かばんを投げ捨て，園内の好きな場所を走り回るとき

- ● 「○○ちゃん，先生待ってるからね」

ワンポイントアドバイス

　　保育者との信頼関係が築けていない入園当初，集団生活が初めての子どもにとっては，保育室に入って保育者の話を聞くことは，特別なことかも知れません。保育者として，保育室に入って，みんなと同じことをして欲しいという気持ちは当然ですが，安全には十分配慮しながら，○○ちゃんの思いを受け止め，徐々に信頼関係を築いていくことが大切ですね。

　子どもとの信頼関係を確信した瞬間　※保育のひとこま

　　6月頃，幼稚園の玄関の傘立の後ろに隠れていた○○ちゃんに，黙って手を差し伸べると，○○ちゃんは保育者の手を握り締め，一緒に保育室に戻りました。それからは，いつも保育者の傍で過ごすようになり，進級前には積極的に友だちの世話をしてくれるようになりました。

3 着替え（ボタンはずし）ができず，立ちすくんでいるとき

- ● 「○○くん，先生と一緒にやってみようか。○○くんなら，きっとできるわよ」

ワンポイントアドバイス

　　育ってきた環境によって，子どもの着替える力は随分違ってきます。経験がない子どもに「がんばれ！　がんばれ！」と言葉をかけ

第2章　朝の準備

19

第2章　朝の準備

ても，着替えの仕方自体が全くわからない子どもにとっては大きな
負担を感じさせることになりかねません。言葉のかけ方を間違うと，
「着替え」が要因で登園が嫌になることもあります。保育者がボタ
ンに手を添え，本当はほとんど保育者がボタンをはずしていても，
ボタンがはずせたとき，一緒に「できたー!!」と喜びを分かち合う
うちに，一人でできるようになっていきます。また，周囲の子ども
たちと一緒に喜びを共感することも大切ですね。

4 年少児の着替えを年長児が優しく声をかけながら手伝っているとき

- 「○○ちゃん，優しいお姉さんみたいね。手伝ってくれてありがと
う」
- 「△△くん，良かったわね。優しい○○ちゃんにお手伝いしてもら
えて」
- 「○○ちゃん，△△くんが，一人でお着替えできるように，上手に
教えてあげてね」

ワンポイントアドバイス

　　入園時によく見られる光景です。異年齢児とのかかわりは，人間
関係を育むためにとても大切な機会です。

　　年長児は保育者に認められることで，自信につながり，さらに優
しい気持ちが育ちます。入園したばかりで，不安でいっぱいの年少
児は，優しくて頼れる年長児の存在で，園で安心して過ごせるよう
になるでしょう。

　　当たり前のような言葉かけではなく，子どもたちが育つような言
葉かけを心がけましょう。

幼 児 編

5 ♪「コップ，歯ブラシ，お帳面〜　タオル！」♪

子どもが自分自身で作詞作曲した歌を口ずさみながら，朝の身支度を整え
ているとき

- ● 「○○くん，楽しそうね。歌いながらお片付けすると，とっても上
  手にできるわね」

ワンポイントアドバイス

　こうした子どもの発想や表現は十分褒めましょう。○○くん自身
も認められることでさらに意欲的になるでしょうが，周りの子ども
たちもきっと触発され，楽しい思いを共感しながら身支度を整えら
れるでしょう。

6 出席ノートにシールを貼っているとき

- ● 「今日はどこかな？　見つけられるかな？」
- ● 「また，ひとつシールが増えたね。よかったね」
- ● 「○○ちゃん，『早く出席ノートに貼ってくれないかな。』ってシー
  ルさんが待ってるよ」

ワンポイントアドバイス

　出席シールを貼る場合，今日の日にちがわかるカレンダーや，
シールを貼れるスペース，シールの貼り忘れや出席ノートの出し忘
れがおきないような環境構成が必要になります。子どもの様子を見
守りながら，適宜言葉かけをしましょう。

第2章　朝の準備

第 2 章　朝の準備

7 出席ノートのシールを貼る場所がわからないとき

- 「○○ちゃん，先生のお手伝いしてもらえる？　△△ちゃんに今日シール貼るところ，教えてあげてくれる？」
- 「△△ちゃん，教えてもらって良かったね」
  「○○ちゃん，ありがとう」

ワンポイントアドバイス

　朝の忙しい時間でも，本当は保育者が丁寧に関わることが理想です。しかし時には他の子どもに頼んでみることも良いでしょう。子ども同士の関わりが育まれます。

8 「○○ちゃん（自分のこと）は小さいからできない」と言って，着替えをしようとしないとき

- 「そうなの？　先生は○○ちゃんならきっとできると思うなぁ」
- 「先生，○○ちゃんがお着替えをしているところ，見てみたい」

ワンポイントアドバイス

　月齢の低い子どもは，着替えや排泄，手洗い，片付けなど，ほとんど保護者が行っていたため，依存することが多くあります。しかし言葉かけをしていくことで，自分でできることの喜びを知り，自信につながっていきます。根気強く，言葉かけをしていくことが大切ですね。

乳児編

1 保護者とのかかわりを楽しみたくて，なかなか朝の準備（検温，おむつ交換など）に気持ちが向かないとき

- 「○○ちゃん，お母さん（お父さん）と一緒で楽しいね」
- 「お部屋でお友だちが待っているよ。○○して遊ぼうね」

ワンポイントアドバイス

　保護者と一緒で楽しくなり，なかなか朝の準備に気が向かないことはよくあります。保護者は出勤時間もあり，気が急いています。そこで保育者が子どもに，次に楽しいことが待っていることを伝えて，気持ちの切り替えを促しましょう。保護者も安心して仕事に向かえますし，子どもも気持ちを切り替えることができます。

2 自分のタオルやコップをどこに用意すればいいのか戸惑っている子どもに対して

- 「○○ちゃん，大丈夫だよ。先生と一緒に用意しようね」

ワンポイントアドバイス

　一般的に1歳児クラスの後半から2歳児クラスでは，個人持ちのタオルやコップを自分で用意する園も多くなります。しかし，まだまだ自分で用意することは難しい年齢です。まずは自分で用意してみようとしている頑張りを認め，保育者が一緒に用意をすることで

第 2 章　朝の準備

やり方を伝えてあげましょう。

3 頑張って自分の身の回りの用意をしようとしている子どもに対して

> ●「○○ちゃん，自分でやっているの？　えらいね。先生，ここからちゃんと見ているよ」

ワンポイントアドバイス

　乳児クラスでは，朝の準備も保護者や保育者が行うことがほとんどかもしれません。しかし，中には自分でやってみようとする子どもの姿も見られます。それが不完全であったとしても，やってみようとしている気持ちを受け止めて，それも保育者はしっかり見ていることを伝えましょう。そして，子どもの次への意欲につなげていきましょう。

第 3 章

好きな遊び

　好きな遊びをしているときは，子どもが主体的に行動する機会として捉え，極力見守る姿勢で接することが大切ですが，この見守りがとても大事になってきます。それは，いきなり保育者が言葉かけをすることで，子どもの大切な遊びを壊してしまうことになるからです。また，子ども同士のトラブルの際，どのタイミングで関わればよいか見極めることも必要になります。しっかりと子どもの様子を見守りながら，適材適所に言葉かけをおこないます。

第3章 好きな遊び

幼児編

1 アリを踏みつけている子どもを見つけたとき

- 「わぁ！ アリさん，かわいそう。アリさんから見たら○○くんは，怪獣に見えるくらい大きいんだよ。○○くんも，怪獣に踏まれるの，怖いよね？」

ワンポイントアドバイス

　子どもは何を考えてアリを踏みつけているのでしょうか？　興味があるから？　自分が強いことを知りたいから？　子どもは時には残酷なことをします。しかしそれは経験のある大人の判断基準なのかも知れません。でも，命の尊さを知らせるチャンスです。上手に伝えていきたいですね。

2 友だちの言動が気になり，保育者に伝えてくるとき

- 「そう。教えてくれてありがとう。今度はお友だちの良い所も教えてくれるとうれしいなぁ。」

ワンポイントアドバイス

　3歳から4歳にかけてよく見られる言動です。子どもはどんな思いで保育者に伝えてきているのでしょうか？　褒めてもらいたいから？　約束事を守っていない友だちを叱って欲しいから？　いろいろな場合がありますが，一人ひとりに合った言葉かけが大切ですね。

幼児編

友だちの良い所を見つけて教えてくれたときは，十分に褒めてあげましょう。良い連鎖が生まれます。

3 おもちゃの貸し借りでけんかになっているとき

- ●子ども　○○くん「貸してって言ったのに，貸してくれない！」
　　　　　△△くん「今，使ってるもん」
- ●保育者　「そう……。どうしたらいいかなぁ」

ワンポイントアドバイス

　年齢や集団生活の経験によって保育者の仲立ちの仕方は違ってきます。いずれにせよ，子どもたちが完全に満足することは難しいかもしれませんが，折り合いをつけることができるような言葉かけができるといいですね。

第3章 好きな遊び

4 遊びが盛り上がっているが,行事があり,片付けをしなくてはならないとき

- 「楽しかったね。でも今からもっと楽しいことがあるかも。作ったブロックは,また,給食が終わったら続きをしましょうね。それまでここで,待っていてもらいましょう」

ワンポイントアドバイス

　子どもの遊びを中断しなくてはならないのは,とても残念なことです。元通りに片付けてしまうのではなく,遊びが続くことを子どもが期待できるような言葉かけをしましょう。たとえば製作が途中になったとき,「続きができるまで,冷蔵庫で冷やしておきましょう」と,言葉かけをすると本当に糊が固まって,冷蔵庫で冷やしたようにカチカチになっていますよ。

5 けがをして保育者に自分で言えないとき

- 「○○ちゃん,手に傷があるけど,どうしたの?」
- 「消毒して,お薬塗りましょうね」
- 「どうしてけがしたのか先生にお話してくれない?」
  (○○ちゃんは,苦笑いして何も答えませんでした。)
- 「また,お話できるようになったら,教えてね」

幼児編

ワンポイントアドバイス

　問い詰めると余計に話せなくなることもあります。手当てをした後，子どもの気持ちが安定するまで様子を見守ることにしました。すると他の子どもたちが「△△くんが，○○ちゃんの手をひっかいたのよ」と教えてくれたりします。△△くんに事情をきくと「した」と答えました。「どうしてこうなったの？」と尋ねると「ぼくがした」だと正直に答えました。○○ちゃんに確認したけれど，○○ちゃんからは，△△くんの名前が出てきませんでした。

　4歳児への進級間近の出来事です。子ども同士の関係も徐々に複雑になっていきます。一人ひとりの思いや言葉を受け止めること，保育者の言葉かけのタイミング，そして内容が大切ですね。

6 ふざけている友だちの真似をして，約束事を守らない行為がエスカレートするとき

> ● 「先生は，○○くんが，お手伝いしてくれたり，お友だちに優しくしてあげたりしているところを真似っこしてくれるとうれしいなぁ」

ワンポイントアドバイス

　子どもらしい行為ですが，危険を伴うこともあります。保育者の否定的ではない言葉かけで，成長するきっかけとなって欲しいですね。

7 友だちの忘れ物など，それまでは保育者に伝えて来ていたことを，直接友だちに教えてあげられるようになったとき

> ● 「わぁ，○○ちゃん，△△ちゃんに教えてあげてくれてありがとう。

第3章　好きな遊び

29

第3章　好きな遊び

先生，あとで△△ちゃんにお話しなくちゃと思ってたから，助かったわ」

● 「みんな，もう，年中組さんみたいね。もしかしたら，年長組さん？」

ワンポイントアドバイス

　3学期に入ると，子どもたちの大きな成長がいろいろな場面で発見されます。子どもたちも一つ大きくなることを喜び，期待を膨らませています。さらに子どもが自信をもち，友だち同士で影響し合えるような保育者の言葉かけが大切ですね。

8 戦いごっこで本気になるとき

● 「○○くん，今，△△くんの足すっごく痛かったと思うよ。『ドン』ってすごい音がしたから先生びっくりしちゃった」

● 「○○くん，本当に身体に当たったら痛いからかっこいいポーズだけにしようか」

ワンポイントアドバイス

　ヒーローに変身して戦いごっこをすることが大好きな子どもたちは，つい力が入りすぎてしまうことがあります。また，痛い思いをしても，なりきって遊んでいると我慢をしてしまうので，適切な言葉かけをして，遊びを見守ったり展開を工夫したりしましょう。

9 常に一番でなければ不機嫌になるとき

● 「○○ちゃんは一番前に並びたい，△△ちゃんは？　一番がいいの

幼児編

ね。□□ちゃんは？　一番がいい。みんな一番がいいのか……困っ
たね。じゃあどうしようか？」

● 「○○ちゃんは一番が好きなんだね。でも，他のみんなも同じ気持
ちだったらどう？」

● 「今日は○○ちゃんがお当番だから，○○ちゃんが先頭に並びます。
明日は△△ちゃんだね」
※このクラスでは当番が先頭に並ぶという約束事があります。

ワンポイントアドバイス

　どんなときも一番になりたがる子どもがいます。その子どもの思
いを受けとめながら，周りの様子に気づくことができるような言葉
かけをしましょう。「○○ちゃんはいつも一番ばかり。」「○○ちゃ
んはずるい。」など，友達から厳しい声があがることもあるでしょう。
そんな時は話し合って，みんなが納得できる方法を考えましょう。

10 乱暴な言葉遣いをするとき

● 「○○くん，今，先生すごくびっくりしちゃった。その言葉を先生
が言われたらすごく悲しいな」

● 「△△ちゃん，その言葉は絶対に使ってはいけない言葉だよ。先生
もお友達もみんな悲しくなるよ」

ワンポイントアドバイス

　人を傷つける言葉を使ったときは，直ちに制止します。絶対に
使ってはいけない言葉であることが理解できるように，また，人が
どんな思いをするかということをきちんと向き合って伝えましょう。

第3章　好きな遊び

第3章　好きな遊び

11 保育者の言葉かけに「別に」「どっちでも」と応えるとき

- 「○○ちゃんのいつもの優しいお話が聞きたいな？」
- 「○○ちゃん，何か悲しいことあった？　先生にお話，聞かせてくれたらうれしいなぁ」

ワンポイントアドバイス

　いつもは母親がゆっくり関わっている親子関係だったのですが，母親が働き始め，預かり保育をするようになった頃から，このような言葉が聞かれるようになってきました。背景が大体予想されていたので，じっくりとかかわり，保育者がさらに優しい言葉かけをするように努めました。母親の協力を得ながら，時間をかけて関わっていくと，明るく優しい○○ちゃんに戻りました。

12 友だちが使っている遊具を取りあげるとき

- 「○○ちゃんが使っていたのに悲しいんだって」
- 「貸してって言おうね」
- 「順番に使うといいね。これができたら次は○○ちゃんね」
- 「貸してくれるの？　やさしいね。○○ちゃん，よかったね」

ワンポイントアドバイス

　まずは，相手の気持ちに気づくことができるように言葉をかけます。「だって私も使いたい。」「○○ちゃんばかり使ってるから。」など自分の思いを表すこともあるでしょう。その思いも受け止めながら，相手にどのように伝えたらよいか知らせましょう。集団生活の中で順番を待つということは大切なルールの一つです。

幼児編

13 危険なことをするとき

- 「危ない！　大けがするよ！」
- 「次はもうしないって約束しようね」

ワンポイントアドバイス

　　はっきりと短い口調で速やかにその行動をわかりやすく伝えます。「ここで走って転んだらどうなると思う？」など，自分の行動がどのような危険につながるのか考えられるようにしましょう。真剣な表情を作ることも大切なポイントです。後で他の子どもたちにも状況を知らせて，みんなで考える機会を作ってもよいでしょう。

14 仲間はずれをするとき

- 「○○ちゃんも一緒に遊びたいって思ってるんだよね。どうして一緒に遊んだらいけないの？（理由を尋ねる）」
- 「○○ちゃんがお友だちに『一緒に遊ばない』って言われたらどんな気持ちになる？　先生だったら悲しいな」

ワンポイントアドバイス

　　仲間に入れない子どもの気持ちを代弁したり，思いに気づけるようにしたりします。気の合う友だちとの遊びが楽しいのかもしれませんが，集団生活においては，さまざまな友だちとかかわって遊ぶことで成長していくことを考えて言葉かけをしましょう。

第3章　好きな遊び

第3章 好きな遊び

15 こだわりが強く，友だちとトラブルになるとき

- 「(しばらく時間をおいて) ○○ちゃん，さっき△△ちゃんは□□したかったんだって。○○ちゃんは□□したかったんだよね。そんなときはどうすれば良かったのかな」
- 「○○ちゃん，△△ちゃん悲しそうだったね。先生，○○ちゃんの気持ちもわかるんだけど，何かいい方法はなかったかな」

ワンポイントアドバイス

　　トラブルの最中に冷静に考えることは難しいですが，年齢が上がるにつれて少し時間をおくと，自分の行動を振り返ることができるようになります。状況を整理して言葉かけをすることで，自分なりに考えて答えを導き出せるようにしましょう。周りの友だちの意見をきいて，双方に伝えるのもいいですね。

幼児編

16 友だちの手伝いをしすぎるとき

- 「○○くんは△△くんのお手伝いしてあげようと思ったんだよね。でも△△くんは自分でしたいみたいだよ」
- 「○○くん，△△くんが今どうしたいかきいてみようか」

ワンポイントアドバイス

　優しい気持ちで友だちとかかわろうとしている姿を認めましょう。相手の気持ちを考える機会をもったり，手伝ってもらっている子どもが友だちに依存してしまっていないかを見極めたりして，その場面に応じて言葉かけをしましょう。

第3章　好きな遊び

35

第 3 章　好きな遊び

乳児編

1 ごっこ遊びをしていて，おもちゃを保育者に手渡してきたとき

- 「ハイ，どうぞ（子どもの言葉を保育者が代弁）」
- 「ありがとう」
- 「○○ちゃん（くん），上手に持って来られたね」

ワンポイントアドバイス

　　1，2歳児では発語が多く見られるようになりますが，0歳児では保育者が子どもとのかかわりの中で言葉を代弁することで，行動と言葉がつながるように促していくことが大切です。遊びの中で保育者が表情豊かにさまざまな言葉をゆったりと投げかけることで，多くの言葉に触れる機会となります。

乳児編

2 ボール遊びをしているとき（0歳児）※保育のひとこま

　高月齢児の○○ちゃんは，手に持ったボールをポンと転がしました。ボールを受け取った保育者は「○○ちゃん，上手ね。ボールをポーンと転がせたね。」「はい，どうぞ。」と転がして返します。

　今度はボールを持って保育者のところに来ました。ボールを受け取った保育者は，「はい，ありがとう。」「ボールさん，いないいない。」と言ってボールをエプロンの中に隠しました。○○ちゃんは，エプロンをめくってボールを見つけました。○○ちゃんと何回かエプロンで「いないいない」をして遊びました。○○ちゃんは，自分の服の中にボールを隠しました。「ボールさん，いないいないね。」と保育者は○○ちゃんに言葉をかけました。

ワンポイントアドバイス

　言葉がまだ出てこない乳児には，保育者が一つひとつの行動を言葉で子どもに伝えることが必要です。その時々の一つひとつの行動に伴う保育者の言葉かけをききながら，子どもはゆっくりと言葉を獲得していくのです。

3 積み木遊びをしているとき（1歳児）※保育のひとこま

　○○ちゃんが，箱に積み木を入れて押して遊んでいます。△△ちゃんがやって来て「△△も」と言って，箱に積み木を入れて押し始めました。そのうち，○○ちゃんが箱の中の積み木を一つポンと床の上に落としました。△△ちゃんもそれを真似して，箱の外に出します。二人はだんだん楽しくなって，ポンポン積み木を投げ始めました。

　二人の様子を見ていた保育者は，他の箱を二人のそばに持って行き「ゴミ収集車です。ゴミを集めに来ました。ゴミはこの中に入れてく

第3章　好きな遊び

第3章 好きな遊び

ださい。」と二人が投げ出した積み木を集め始めると，二人も清掃員気分で自分たちが投げた積み木を拾い箱に入れ始めました。
　「ありがとう。○○ちゃん，△△ちゃん」「おかげでとてもきれいになりました。お手伝いありがとう」と保育者は二人に言葉をかけました。

ワンポイントアドバイス

　　1歳児クラスではお互いに関心をもった子どもが，同じ行動をすることを楽しむ姿が見られます。1歳児は，やってはいけないことを試そうとする探索の時期です。時にはやってはいけないことをして楽しむ場面が見られます。そのたびに保育者が「だめよ！」「いけません！」「やめなさい！」と言って止めていたのでは，子どもは禁止語のシャワーを一日中浴びることになります。遊びの中で，「やめてほしい行動」が見られたら，なるべく子どもが発見した遊びの中にある気持ちを汲み取りながら，禁止語を言わなくてもよいように機転をきかせ，遊びの中で対応していきましょう。

乳児編

4 三輪車で遊んでいるとき（2歳児）※保育のひとこま

　○○ちゃんと△△ちゃんが，園庭で遊んでいます。仲良く遊んでいると思ったら，三輪車の取り合いが始まりました。「赤い三輪車，○○ちゃんの」「△△の！」と一台の赤い三輪車を二人は離しません。「○○ちゃんも△△ちゃんも，赤い三輪車がいいのよね」「○○ちゃんと△△ちゃんは，仲良しだからおそろいの三輪車がいいのよね」「おそろいの三輪車，他にないかしら」黄色い三輪車が2台見つかりました。「先生は，おそろいの三輪車を見つけましたよ」「この黄色い三輪車はどうかな。バナナと同じ黄色ですよ。バナナ号かな」「○○ちゃん，バナナ号」「△△もバナナ号」二人はおそろいの黄色い三輪車に乗ってうれしそうです。

ワンポイントアドバイス

　2歳児のこだわりは，ともすると「わがまま」「言うことを聞かない」と否定的に受け止められがちです。大人はつい，「また」と思いがちですが，子どものこだわりに向かい合ってみましょう。その子なりの欲求や願いがあることに気付きます。事例では，○○ちゃんと△△ちゃんはどうして赤い三輪車に乗りたいと言ったのかを探ってみましょう。ここでは二人が「同じ三輪車に乗りたい」という思いがあることを察し，保育者は代弁しました。自分の思いをわかってもらえたことで，子どもの気持ちは安らぎます。

5 保育者と離れられず，友だちの輪に入りづらい子どもに対して

● 「みんな楽しそうに遊んでいるね。先生もやってみようかな？　○○くんも一緒にやってみる？」

第3章　好きな遊び

39

第3章 好きな遊び

ワンポイントアドバイス

　乳児期は，身近な大人とのゆったりした時間を過ごすことが，情緒の安定の面から考えて必要なことです。しかし，友だちとかかわることも集団生活においては大切です。保育者が仲立ちとなって，友だちと一緒に遊ぶきっかけを作り，楽しさを共有できる環境構成を考えましょう。

6 外遊びから保育室に戻れない子どもに対して

● 「今からお部屋に戻って○○するんだって。お片付け競争してお部屋に戻ろうか？」

ワンポイントアドバイス

　戸外遊びは，室内遊びと違う刺激を受けることがあり，なかなか戸外遊びから保育室に戻れない子どもがたくさんいます。そんなときは，無理強いするのではなく，次にはこんな楽しいことが待っているんだということを子どもたちが具体的にイメージできるように言葉をかけることが求められます。言葉でイメージしづらい0歳児や1歳児前半の子どもには，次の行動を言葉とともに絵カードや写真を提示することでイメージしやすくなります。

7 友だちが使っているおもちゃを取ってしまったとき

● 「○○ちゃんのおもちゃ，楽しそうだったもんね。△△ちゃんも遊びたいね。一緒に貸してって言ってみようか？」

乳児編

ワンポイントアドバイス

　友だちが使っているおもちゃは，とても魅力的に感じます。悪気はないのですが，気が付いたら取ってしまってトラブルに……，ということはよくあります。「どうして取ったの？」などと責めるのではなく，取ってしまった子どもの遊びたかった気持ちをまずは受け止めましょう。そして，保育者も仲立ちとなって一緒に貸してほしい気持ちを伝えるようにしましょう。おもちゃを取られてしまった子どもに対する，悲しくなった気持ちへの共感の言葉かけも忘れずにしてください。

第3章　好きな遊び

Column 5

※ 天使の声 ※

　園舎の2階の年長児クラスから聞こえてくる歌声をきいて「この曲聴くと，感動するなぁ。」「優しい気持ちになる。」とつぶやいていました。本当にステキな言葉ですね。3歳児のつぶやきです。なんて感性が豊かなのでしょう。

　園では子どもの歌声を『天使の声』と表現しています。

　「とっても素敵な言葉ね。」「みんなもあんなふうに素敵に歌えるようになるといいわね。」と応えました。

　子どものつぶやきにはいつも感動させられます。保育者として，子どものつぶやきをきき逃さず，どのように返すか，難しいですがとても大切なことです。

Column 6

※ 芋 掘 り ※

　数日前に芋掘りの体験をした子どもたち。ある日，園庭の築山に生えている大きな楠の木の根っこが，築山の斜面から出ていました。少しふっくらとしたその根っこが，先日掘った芋に見えたのでしょう。3人の男児が声を掛け合って，「ここにまだお芋があるよ！」「掘ろう‼」と手や砂場のプラスチックのスコップを使って，必死で掘っていました。本当に真剣なまなざし。「こっちから掘っていって！」「そっち引っ張ってて！」と，言いながらなかなか姿を現さない芋（根っこ）と戦っていました。徐々に，固い築山の土から，本当に芋に見えるようなふっくらとした根が姿を現してきました。

　しかし，なかなか先日の芋ほりのようには抜けません。苦戦すること約1時間……。けなげな芋（根っこ）との戦いでした。保育者は決してあきらめない子どもたちの思いを大切にしたいと強く思いました。

　「先生も手伝おうか？」の言葉かけに「いい‼」との返答。子どもたちの成長とたくましさを感じました。

Column 7

※ ねえ，先生，聞いて ※

　保育中，緊急の情報共有のため，保育者同士が話をしなくてはならないことがありました。子どもが「ねえ，先生，聞いて！」と自分の話したいことを伝えてきたときの関わり方です。「○○ちゃん，どうしたの？」「けがをしたの？」「何かとっても困っていることがあるの？」と子どもの表情や様子を見ながら尋ねました。本当は，子どもの『今，伝えたい。話をきいてほしい。』という思いを大切にしなくてはならないのですが，子どもが緊急を要するような状態でないことが確認できたのでは，「先生，今，△△先生ととっても大事なお話をしているから，少しだけ待ってくれる？　あとで必ずきくからね。」と伝えました。その間は子どもと手をつなぐなどのスキンシップを取りながら保育者同士の話を済ませました。そして，「お待たせしました。」「待っててくれてありがとう。」と言って，子どもの話を聞きました。

　○○ちゃんは，待っていたことを褒めてもらえたこと，手をつないでもらったこと，約束を守ってちゃんと話を聞いてくれたことがうれしくて，凄い勢いで伝えたかったことを話してくれました。

第4章

片付け

　片付けでは遊びの状況に合わせてタイミングよく行う必要があります。遊びが盛り上がっているのに「さあ，片付けましょう！」等と言葉かけをしてもなかなか片付けをしようとはしないでしょう。5歳児であれば「もうすぐ片付けますよ。」などと見通しをもたせたり，遊びの切れ目にタイミングよく言葉かけを行ったりと配慮することが必要があります。
　片付けの際の言葉かけは，片付けることできれいになることや気持ちよくなることが実感できるよう言葉かけをおこないます。また積極的に片付けている子どもを認めることも忘れないようにしましょう。

第4章 片付け

 # 幼児編

1 「僕は使っていない」と言って片付けをしないとき

- 「先生，○○くんがお片付け上手だから，手伝ってほしかったなぁ」
- 「やっぱり，○○くんが手伝ってくれると，お部屋がとってもきれいになるね。ありがとう」

ワンポイントアドバイス

　「使ってなくてもみんなのおもちゃだから片付けましょう！」なんて無理強いするような言葉かけはしませんよね。○○くんを褒めることで，○○くんもうれしくなりますし，周りの子どもたちも大好きな保育者に褒められたいと思うでしょう。徐々に片付けを競うようになってくることもあります。

2 片付けが大好きな○○ちゃん。片付けの時間になったので，△△ちゃんが読んでいる絵本を無理やり取って片付けようとし，トラブルになったとき

- 「○○ちゃん，いつもお片付け，ありがとう」
- 「△△ちゃんも，絵本読み終わったら，自分でお片付けしてくれるわよ」
- 「○○ちゃんは，こっちのお片付け，お願いしてもいい？」

幼児編

ワンポイントアドバイス

　子どもの活動を肯定する言葉かけをするように配慮しなくてはいけません。トラブルが発生したとき，具体的にすぐに言葉かけをするのではなく子どもたちの様子をみながら，適切なタイミングで言葉かけをしましょう。子どもたちの思いを受けとめることが大切ですね。

3 遊んだものを片付けようとしないとき

- 「先生と一緒に片付けようね」
- 「ここにこれをしまってね」
- 「お片付け競争しようか」

ワンポイントアドバイス

　まず，園庭や室内を見渡してみましょう。片付けやすい環境になっているでしょうか。

　子どもの目線に立って表示の仕方や保管場所を考えましょう。また，具体的な方法を知らせたり，一緒にしようと言葉かけをしたりすることで気持ちが切り替わりやすくなります。

第4章　片付け

47

第4章 片付け

乳児編

1 遊びに区切りが付けられず，片付けに気持ちが向かない子どもに対して

- 「○○ちゃん，おもちゃを箱に入れられたね」

ワンポイントアドバイス

　　子どもは自分の頑張りを認めてもらえるととても喜びます。大人も自分の頑張りが認められるとうれしい気持ちになりますよね。子どもたちは周りが認められると，「僕も！」「私も！」という気持ちになり，それが行動につながります。頑張りを認める言葉かけは，子どもたちの前向きな行動の連鎖を起こす不思議な力をもっています。

2 片付けの仕方がわからない子どもに対して

- 「○○ちゃん，一緒にお片付けしようね」

ワンポイントアドバイス

　　特に0歳児クラスの子どもたちは，言葉かけだけではわからないことがたくさんあります。言葉かけとともに保育者が実際に行動で示して見せることで，言葉と行動が少しずつ結びついていきます。身近な大人である保育者がモデルを見せることはとても大切です。

乳児編

3 どこに片付けをしたらいいか戸惑っている子どもに対して

- ●「このぬいぐるみは，お部屋（かご）でおやすみさせてあげようね」
- ●「（ままごとの）お皿を全部この箱に入れてふたをしようね」

ワンポイントアドバイス

　保育者はおもちゃがすべて片付いた状態をイメージして「お片付けしましょう。」と伝えていると思います。しかし，乳児期の子どもはどれが片付いた状態なのかをイメージすることは難しいです。目の前のぬいぐるみをかごに入れたことで片付けが終わったと思い，それまで遊んでいたままごとのことは忘れてしまっていることはよくある光景です。そんなときは，具体的に「ぬいぐるみはこのかご」，「ままごとはこの箱の中」と伝えて見せることで，子どもはグンと片付けがしやすくなるはずです。

4 どちらが片付けるかでトラブルになっている子どもに対して

- ●「○○ちゃんも△△ちゃんもお片付けしようとしてくれたの？　ありがとうね」
- ●「○○ちゃんは□□，△△ちゃんは□□をお片付けしてくれるかな？」

ワンポイントアドバイス

　頑張って片付けをしようという気持ちが大きくなり，その気持ちがぶつかり合ってしまうことがあります。そんなときは，お互いが

第4章　片付け

第 4 章 片付け

　頑張って片付けようとしたことを認める言葉をかけましょう。その上で，それぞれの役割を決めて片付けの続きができるように促してみましょう。

第 5 章

排　　泄

　排泄の習慣は，個人差があるため，一人ひとりに合った言葉かけが必要になります。衛生面はもちろんのこと，幼少期は自立に向かう重要な時期でもありますので，少しでも自分でできたことを認められるよう，日々一人ひとりの状況をつかんでおくことが大切です。また乳児の場合は，おむつを替えたときの気持ちよさを保育者の優しい表情や言葉で伝えたり，トイレで排泄することを無理なく取り入れられるような環境づくりや適切な言葉かけをしたりすることが必要になってきます。

第5章 排　泄

幼児編

1 「出ない」といって排泄に行けないとき

- 「出なかったら戻ってこよう。先生と行ってみない？」
- 「上手にできたね。お母さんにもお話しようね」

ワンポイントアドバイス

　排泄の言葉かけは，精神的なことが大きく影響するため，とても難しいのです。度々の言葉かけは，子どもにとって負担になることもあります。

　排泄の習慣は，入園までの環境によって個人差があります。トイレが怖いものになってしまっては大変です。トイレの環境や保育者の言葉かけによって，子どもの成長に影響があると言っても過言ではありません。

2 トイレでふざけるとき

- 「ここは遊ぶところではないから，お部屋に戻りましょうね」
- 「楽しそうだね。続きは広い場所でしようね」
- 「ドアにぶつかったり固いところで頭を打ったりしたら，大変なことになりますよ。先生，とても心配だな」

幼児編

ワンポイントアドバイス

　トイレは用を足す所で，遊ぶ所ではないことが理解できるようにしましょう。具体的にどんな危険なことがあるかを知らせて，次は気を付けるように約束しましょう。

3 トイレに行こうとしないとき

- 「おしっこしなくてもいいから一緒に行こう」
- 「先生も一緒に行くね」
- 「戻ったらまた続きをして遊ぼうか」

ワンポイントアドバイス

　低年齢児は特に，友だちの姿から影響を受けることがあります。同じ場にいるだけで気持ちが動くことがあるので誘ってみましょう。活動が楽しくてその場を離れたくないということも考えられます。見通しをもてるような言葉かけをしましょう。

第5章 排　泄

乳児編

1 おむつ交換のとき（0歳児）

- 「ほーら，気持ちよくなったでしょう」
- 「足をのびのび，気持ちいいね。大きくなあれ。大きくなあれ」
- 「おむつが汚れたからきれいにしようね」
- 「気持ちいいね。よかったね」
- 「おむつを替えようね。お尻をあげてね」
- 「おむつを替えようね。今すぐ用意するからちょっと待っていてね」

  替えている間も，
- 「たくさん出てよかったね。いいうんちが出たね。」等と笑顔で言葉をかけましょう。

ワンポイントアドバイス

　乳児期の子どもは，「快・不快」の感覚をまだ持ち合わせていません。おむつ交換などを通して，濡れていることは気持ちがよくないこと，交換することで気持ちがよくなることを保育者が言葉にして少しずつ「快・不快」の感覚を伝えていくことが大切です。

　大きくなったときにその感覚が，身の回りを清潔にするということにつながっていきます。

　そのため，おむつ交換のときは，やさしい表情で言葉をかけながらきれいになって心地よいことを知らせましょう。また，おむつ替えをする前に，これから何をするかを言葉で伝え，子どもが自ら手

乳児編

で足を持つなどおむつ交換に参加できるようにします。

2 おむつ交換（10か月児）

つかまり立ちをする乳児（10か月）がおむつ交換のとき，仰向けにするとすぐに寝返りをうって立とうとするので，音のでる玩具やぬいぐるみを持たせて気をそらせ，おむつ交換をします。

「○○ちゃん，おむつ替えようね。」とやさしく言葉をかけながら，お尻を支えて持ち上げ手早くおむつ交換をします。

「さっぱりしたね。気持ちよくなったね。」と言葉をかけ，腿のところを手のひらでマッサージしましょう。

ワンポイントアドバイス

歌を歌ったり言葉をかけながら，おむつを外して乳児の足をやさしくさすりながら気持ちよさが感じられるようにしましょう。

3 トイレで排泄（1歳児）※保育のひとこま

○○ちゃんは，他の子どもが便器に座るとじっと見ています。保育者は，○○ちゃんが便器でおしっこをしたいと感じるようになったと察し，「トイレに行く？」と言葉をかけました。○○ちゃんは，「うん」とうなずきました。「シー，出るかな。」「シー，なかなか出ないね。」「お腹に力を入れてごらん。」○○ちゃんが便器に座って10分ほど経ったとき，チョロっとおしっこが出ました。「おしっこ出たね。」と言葉をかけました。○○ちゃんは，もうすぐおむつを外せそうです。

ワンポイントアドバイス

尿意を感じていても便器に座ることを嫌がるときは，無理強いは

第5章 排泄

第5章 排　泄

禁物です。子どもの様子を見守り，漏らしてしまったときも恥ずかしい思いや情けない思いをしなくていいように，叱ったり，小言を言ったりすることは避けましょう。遊び・食事・午睡の前など生活の節目にトイレに誘うことを日々繰り返しながら，子どもが行きたいときに行くようにしましょう。そして，排泄後は必ずおしっこが出たかどうかを確認しましょう。

4 トイレに行きづらい子どもに対して

「○○に会いに行こうか？」
（明るい雰囲気を作るために壁面などを貼っている貼っているトイレを指して）

ワンポイントアドバイス

　遊びに夢中になっていたりするとなかなかトイレに行ってくれない……，ということはよくあることです。「トイレに行こうか？」と誘われるより，「○○に会いに行こうか？」と言われる方が気持ちの切り替えがしやすくなります。子どもたちも楽しみが多い方がうれしいですよね。

乳児編

5 トイレトレーニングを始めたばかりの子どもに対して

「頑張ってトイレに座れたね」

ワンポイントアドバイス

　片付けのときと同様に，子どもなりの頑張りを認めることは次へ
の自信につながります。排泄ができてもできなくても「頑張ってト
イレに座れたね。」と保育者は子どもと一緒に喜びましょう。

第5章　排泄

Column 8

※ 濡れちゃった〜 ※

　なぜか毎回トイレに行くと，右足の先だけ「おしっこで濡れちゃった〜。」と言って保育室に戻ってくる○○ちゃん。「濡れちゃったね。」「新しい靴下に替えましょうね。」と言ってかかわっていました。

　ある日，○○ちゃんの排泄の様子をそ〜っと見に行きました。○○ちゃんは一人でちゃんと排泄を済ませ，トイレの水を流していました。そしてその後，トイレのスリッパを脱いで，右足の先をトイレの中に入れたのです。

　トイレのドアの上から私が覗いていることに気が付いた○○ちゃんは，無言で目を丸くしていました。思わず笑ってしまいそうになるくらい，愛くるしい表情でした。

　実は，○○ちゃんの母親の仕事が忙しくなり，祖母が園に迎えに来るようになった時期と重なる出来事でした。○○ちゃんは「寂しい」という感情をこういった行動で表現していたのでしょうね。

Column 9

❋ うんち出る！ ❋

　母親と登園してくると，靴箱の前で必ず「うんち！」と言う○○ちゃん。母親と一緒にトイレに行き，長い間出てこないのです。様子を見に行くのですが「うんち出る！」の一点張り。最初は付き合っていた母親も，時間をとられることに徐々に感情的になっていきました。

　「うんちしたくなったら先生と一緒に行こう。」と言葉をかけても，「ママがいい！」と言ってトイレから出てきません。

　子どもの不安が排泄の様子に現れることが多くあります。○○ちゃんの母親が妊娠をしていて，以前のように抱っこをしてもらえなくなっていたのです。このようなときは子どもへの援助はもちろん，母親へのかかわりも大切にしなくてはなりません。あせらずじっくり時間をかけてかかわっていきましょう。

　出産後のことを心配していましたが，○○ちゃんは妹の誕生を心から喜び，お姉さんとして大活躍。園庭で遊んでいても「うんち行ってくる！」「先生，うんち出たよ！」と一人で排泄できるようになっていました。

第6章

手 洗 い

　手洗いの習慣は健康上とても重要です。特に乳児はすぐに手を口に入れたりしますので，衛生を保てるよう心がける必要があります。

　冬場になると，水が冷たく手洗いも億劫になりがちです。また，夏場は反対に水の冷たさが心地よく，手洗いから水遊びに発展してしまうこともあります。なぜ手洗いをするのか，手洗いの意義について絵本や紙芝居を通して知らせたり，つい目の届きにくい手洗いを保育者も一緒に行うことから習慣づけていきましょう。

第6章 手洗い

幼 児 編

1 洗面所で，ハンドソープを泡立て，鏡一面に泡を塗って遊んでいるとき

- 「わぁ，凄いね!!」
- 「鏡もピカピカになったから，手も綺麗にしましょうね」

ワンポイントアドバイス

　もしかすると，子どもを注意してしまいそうな場面です。子どもが気付ける言葉かけは難しいですが，いろいろな方法でかかわってみましょう。

2 子どもが，簡単に手洗いを終わらせてしまうとき

- 「まだ，ばい菌さん，残っているかもよ」
- 「先生と一緒に，きれいにしましょうか」
  　〜♪「手洗いの歌」を歌いながら♪〜
- 「きれいになったわね。もうバイキンさんはいなくなったわね」

ワンポイントアドバイス

　入園までの環境の違いで，子どもの手洗いの仕方は全く違っています。正しい習慣が身に付くように，保育者が手本となり，楽しみながら手洗いができるような言葉かけが大切です。

幼児編

3 きちんと手洗い，うがいをしないとき

> ● 「手が汚れたままだとバイキンが体の中に入って病気になっちゃうよ」
> 「♪手洗いの歌」

ワンポイントアドバイス

　なぜ手洗い，うがいをする必要があるのか，その意味をわかりやすく伝えます。手洗い，うがいが病気予防に有効であることを子どもが理解できるように，言葉かけや保育内容を工夫しましょう。たとえば，手洗いの歌を歌うことで，指先から手首まで丁寧に洗うことが身についていきます。

第6章　手洗い

63

第6章　手洗い

乳児編

1 石鹸の泡が流しきれていないとき

> ● 「ばい菌やっつけられたかな？　お水できれいにしようね」

ワンポイントアドバイス

　　身の回りのことが少しずつできるようになってくる乳児期ですが，その多くは保育者の援助や言葉かけを必要とします。手洗いは子どもと一緒に保育者も行いますが，洗い残しがよく見受けられます。そんなときは，言葉をかけながら手を添えて一緒に洗い流すことで洗い方を伝えていきましょう。

2 水道の蛇口をひねって遊んでいるとき

> ● 「お水がいっぱい出てるね。ギュッてできるかな？」

ワンポイントアドバイス

　　身近な生活用具は子どもたちにとって，魅力にあふれています。特に水道は，ひねれば水が出るという変化を伴うので，興味津々です。水道の周りには子どもたちの姿をよく見かけます。ただ，水は大事な資源ですので大切に扱いたいですね。わかりやすい言葉で「ギュッてできるかな」「キュッてしようね」と伝えることが必要です。

第7章

クラスでの活動

　クラスでの活動は，協調性や自己調整力等が身に付く上で重要な活動です。しかし，その導入が不十分だと「やりたくない」等と意欲がもてない状態で，半ば強制的に行わざるを得ないことになります。子どもたちが主体的に取り組みたくなるためには，十分な導入が必要です。子どもの気持ちを「できるかな？」から「やってみたい！」に変えられるような導入方法や言葉かけを十分検討する必要があります。決して無理強いせず，その活動のねらいを達成するための一人ひとりの関わりを大切にしましょう。

第7章　クラスでの活動

幼児編

1 保育者にクラスでの約束事を守っていない場面を見られ,「みんなもやってたもん。」と答えたとき

● 「先生は，悲しいな。○○ちゃんに，お友だちにお約束を守ることを教えてあげて欲しかったなぁ。」

ワンポイントアドバイス

　このような場面は，よくありますよね。否定的な言葉で注意をするのは適切ではありません。きっと子どもは，約束事を守らなかったことが良くないことだとわかっています。「みんながしてたら，○○ちゃんもしていいの？」という言葉かけは適切ではありませんね。

2 耳元で大きな声で話をするとき

● 「○○くんのお話，よく聞こえるよ。もう少し，優しい声でお話してくれても大丈夫よ」

ワンポイントアドバイス

　大きな声で話す子どもは，人の声がきこえにくくなっているのかもしれません。左右，後ろから言葉をかけてみて，反応を見てみましょう。また支援や治療が必要な場合があります。

幼児編

3 常に友だちに対して，厳しい言動をとる○○ちゃんが，友だちにハンカチを貸してあげているのを見たとき

● 「わぁ，○○ちゃん，親切ねえ。先生，○○ちゃんの優しい所，もっともっとたくさん見たいなぁ」

ワンポイントアドバイス

　子どもを「こんな子ども」と決めつけず，多方面から見るようにしましょう。保育者に褒められることで，どんどん変わっていくはずです。常に厳しい言動をとる背景も考えて，援助していきましょう。

4 子どもの発する言葉が不明瞭で理解できないとき

● 「お話してくれくありがとう。」
● 「□□ってことかな？」
● 「ごめんね。もう一回ゆっくりお話してくれる？」

ワンポイントアドバイス

　とても難しい事例ですね。「もう一度教えて」などと繰り返してきき返すと，子どもは嫌になって話をしてくれなくなるかもしれません。手を握るなどスキンシップを取り，うなづきながら話を聞きましょう。徐々にきき取れるようになりますし，周囲の子どもが代弁してくれることもあります。

第7章　クラスでの活動

第7章　クラスでの活動

5 「ハサミができない！」と言って，作った作品を丸めて捨てようとしたとき

- 「わぁ！　もったいない」
- 「とっても上手にできてるのよ」
- 「もっと作ってくれるとうれしいな」

ワンポイントアドバイス

　子どもが自信を失くしているとき，まずはその気持ちを受容しましょう。それから，子どもが「やってみたい」と思えるような環境を整え，「楽しい」と思えるような経験ができるようにしたいですね。

6 みんなと遊びたがらないとき

- 「○○くんは△△しているのね。楽しいからみんなや先生と一緒に遊ばない？」
- 「一緒に遊びたくなったら来てね」

ワンポイントアドバイス

　はじめは子どもの様子を見守ります。今どんなことに関心をもっているのか，何かあったのか（友だち同士のトラブルなど），体調はどうかと，どうしてみんなと一緒に遊ぼうとしないのか原因をよく見極めて，タイミングを見て言葉かけをします。先生が楽しく遊んでいる姿を見ると，「私も一緒に遊びたいな」という気持ちになることもあります。また，いつでも仲間に入れることで安心感がもてるように言葉かけをすることも一つの方法です。

68

幼児編

7 友だちの遊びの邪魔をするとき

- 「ちょっと待って！」「入れてって言ってみようか」
- 「○○ちゃん，本当は一緒に遊びたいんだって」

ワンポイントアドバイス

　　相手の子どもの気持ちを尊重し，まずはその行動を静止しましょう。その後，どんな思いをもっているのか見極めて言葉かけをします。一緒に遊びたいという気持ちが感じられたときは，具体的にどのように相手に伝えたらよいか知らせます。また，その場に応じて相手の子どもにその気持ちを代弁して伝えることもあります。

8 話をきくことができないとき

- 「○○ちゃん，先生悲しいな。」「いま大切なお話をしてるからきいてほしいな」
- 「静かにきいてくれてうれしいな」

ワンポイントアドバイス

　　就学前の集団生活の中で，人の話を静かにきくという習慣が身につくようにしていきます。大切な話をよくきいてほしいという思いを，子どもと目線を合わせて感情を込めて伝えましょう。その後，静かにきく姿が見られたら「うれしいな」という思いを伝えたり，十分認めたりしましょう。

第7章　クラスでの活動

69

第7章　クラスでの活動

9 保育室内を走り回るとき

- 「はい，赤信号です。止まってくださーい。広い部屋（リズム室など）に行って続きの遊びをしようか」
- 「お友だちとぶつかってしまうと危ないから走らないでね」
- 「お絵描きしたりブロックしたりしているお友だちにぶつかってしまうよ」

ワンポイントアドバイス

　どうして走ったらいけないのか，理由がわかるように言葉かけをしましょう。広い部屋や園庭など，遊ぶ場所を変えることが可能であれば提案してもいいでしょう。大けがにつながらないように，クラスのみんなでルールを考えるのも一つの方法です。

10 すぐに「できない」と言うとき

- 「○○くん，こんなふうにしてみたらできるよ。やってごらん」
- 「△△ちゃん，すぐにできるようにはならないかもしれないけど，何回もやってみたらきっとできるようになるよ。先生，応援してるからね」
- 「○○くんならきっとできるよ。先生と一緒にやってみよう」

ワンポイントアドバイス

　難しいことを要求するのではなく，できそうなことから段階を踏んで取り組めるように配慮しましょう。自分で最後までできたときには，思いきり褒めるようにすることで「自分でできた！」「次もやってみよう」とする子どもの姿が見られることでしょう。お家の

幼児編

人にも伝えて，一緒に認めてもらうことでさらに意欲が高まります
ね。

11 保育室から飛び出していくとき

- 「○○ちゃん，どこに行くの？（後ろから様子を見守る。）」
- 「○○ちゃん，トイレに行きたかったのね。そのときは先生にお話してから行ってね」
- 「△△くん，絵本が読みたいのね。読み終わったらお部屋に帰ってきてね。待ってるよ」
- 「次，△△くんの番だよ。先生，お部屋で待ってるからね」

ワンポイントアドバイス

　保育中に子どもが保育室を飛び出していく場合があります。担任が部屋を離れられないときは，保育者間で連携して，その子どもの安全を確保するようにしましょう。またその場合，保育室の環境構成に原因があることも考えられます。保育者が一人ひとりの子どもにとって安心して楽しく過ごせる場所になっているか，遊びの環境を振り返る必要があります。トイレなどの理由があって保育室から出て行く場合は，保育者に伝えてから行くことを約束しましょう。

第 7 章　クラスでの活動

乳児編

1 自分の気持ちを言葉でうまく伝えられず，手が出てしまったり，噛みついてしまったとき

- 「○○されて嫌だったの？　嫌だったね。一緒に△△してほしかったって言ってみようか？」

ワンポイントアドバイス

　　乳児の場合は，好きで相手のことを叩いたり，噛み付いたりするのではなく，自分の嫌な気持ちを伝える手段が見つからずに，叩いたり，噛んだりすることが考えられます。ですから，まずはその辛かった気持ちに寄り添ってあげましょう。そして，保育者が一緒に言葉で相手にその気持ちを伝えてあげましょう。もちろん，叩かれたり，噛み付かれてしまった子どもへのフォローも必要です。

2 クラス全体での取り組みの際に，別のことに興味が向いている子どもに対して

- 「みんな△△して楽しそうだね。○○ちゃんは一緒にやってみない？」

ワンポイントアドバイス

　　0歳児ではクラス全体で取り組むことは少ないですが，1，2歳児になるとそのような機会が多くなってきます。ただ，うまく活動

乳児編

の輪に入れなかったり，他のことに興味が向いてしまうことがあります。そんなときは，無理強いせずに様子を見守りつつ子どもに楽しそうな様子を伝え，興味がもてるように言葉をかけてみましょう。

3 みんなでごっこ遊びをしているとき（2歳児）※保育のひとこま

　2歳児クラスの子どもたちが，三匹のこぶたごっこをしています。
「誰かおおかみさんになってくれないかな」と保育者。
「ぼく，おおかみになる」と○○ちゃん。
「ぼくもおおかみする」と△△ちゃん。
「○○ちゃんは，どんなおおかみさんかな」と保育者。
「牙がこんなの」と○○ちゃんは，大きい牙を身振りで表現します。
「○○ちゃんは，すごい牙のおおかみさんね」と保育者は○○ちゃんの思いを代弁します。
「△△ちゃんは，どんなおおかみかな？」こんどは△△ちゃんに尋ねます。
　△△ちゃんは，ちょっと考えていますがうまく言葉が出てきません。
「△△ちゃんは，力が強いおおかみさんかな」保育者は△△ちゃんの気持ちに当てはまるような言葉をかけます。
「うん」と△△ちゃん。
「こぶたさんたち，おおかみさんがやってこないうちにはやくお家に入りましょう」と保育者はクラスの子どもたちに言葉をかけます。おおかみ役も決まり，三匹のこぶたごっこが始まります。

ワンポイントアドバイス

　子どもは想像の世界で存分に遊ぶことができます。時には物語のこぶたやおおかみになりきって遊びます。同じごっこ遊びをしていても，子ども一人ひとりのイメージは違います。保育者は，子ども

第7章　クラスでの活動

73

第 7 章　クラスでの活動

がもつ想像の世界を大切にして「○○ちゃんは，どんなおおかみさんかな？」と子どもから言葉が出るように働きかけます。

　そして，おおかみに対して共通のイメージをもつことができるように，子どもたちにおおかみのことを具体的に話しましょう。

4 みんなで絵本を見るとき（2歳児）※保育のひとこま

　2歳児クラスの担任が子どもたちと楽しく手遊びをした後，絵本を読もうと絵本を取り出したとき，○○ちゃんが「ぼくがみんなに読んであげる」と言います。保育者は，クラスの子どもたちが絵本の見える位置に○○ちゃんを座らせ絵本を渡しました。

　「○○ちゃん，お願いします」と保育者は○○ちゃんに言葉をかけます。○○ちゃんは，「三匹のこぶた，はじまりはじまり」と保育者の真似をしてみんなに声をかけます。

　保育者は絵本を読み，○○ちゃんがページをめくります。

　読み終わった後，「○○ちゃん先生，ありがとう」と言葉をかけます。

ワンポイントアドバイス

　2歳児では，絵本を読みたいという思いがあっても，いざ読もうとしても当然まだ読めません。保育者は，○○ちゃんの思いを受け止め，子どもたちの前で本を持ってページをめくる役を任せることにします。○○ちゃんのように，絵本を保育者のようにみんなに見せてあげたいという子どもの行動はよく見かけられます。○○ちゃんのできたという満足感が他の子どもにも伝わり，翌日は△△ちゃんが「本を読みたい」と言います。子どもは，友だちがしていることを自分もしたくなります。保育者がよいモデルになることは言う

74

乳児編

までもありません。

5 子どもができたことや気付いたこと，発見などを保育者に伝えてきたとき

- 「〇〇ちゃん，お花がきれいなこと教えてくれたの？　本当にきれいだね。教えてくれてありがとう」

ワンポイントアドバイス

　乳児期の子どもたちにとって，毎日たくさんの発見や気づきがあり，できてるようになることもどんどん増えていきます。そして，その喜びやうれしさを一生懸命保育者に表情やしぐさ，言葉で伝えようとしてくれます。そのような意思表示が見られたときには，共に喜び，子どもの気持ちに共感できる言葉を返しましょう。

6 絵本の読み聞かせの際に，座る場所で他児とトラブルになっている子どもに対して

- 「〇〇ちゃんも△△ちゃんもそこに座りたかったの？　一緒に座ることができるかな？」

第7章　クラスでの活動

ワンポイントアドバイス

　絵本を見るときに，座る場所でトラブルになることはよくあります。「前に座って近くで見たい」や「お気に入りの場所がある」など，子どもなりの思いがあってその場所を選んでいます。まずはそこに座りたかったという気持ちを受け止めましょう。そのうえで，可能であれば少し詰めて一緒に座るように促してみましょう。

Column 10

※ 先生のは？ ※

　子どもたちが楽しみにしているクリスマス会。サンタクロースからプレゼントをもらい，満面の笑みを浮かべている○○ちゃん。ふと保育者がサンタクロースから何ももらっていないことに気づいたのです。「先生はいい子にしてたのに，サンタさんからプレゼントもらえないの？」と言ってくれました。

　大人の感覚とは違い，ハッとさせられる優しいつぶやき。「本当だ。先生，みんなと仲良くしてたのにね」「○○ちゃん，心配してくれてありがとう」「きっと先生のお家に届いてるんじゃないかなぁ」「今日は早くお家に帰ろう！」と応えました。

　「先生は大人だから」なんて無機質な返答はしませんよね。子どもの保育者を思う優しい言葉を受け止め，子どもの夢を継続させていくためにも，翌日の子どもへの言葉かけが重要ですね。

Column 11

❋ 本当に来てくれた‼ ❋

　○○くんは保育者が担任をしている女児の兄です。保育者に対してもいつもクールで，少々反抗的な言動が多かったのです。大人の表現をすればいつも『肩で風を切って歩く』○○くん（5歳児）は，園児らしい制服のエプロンを嫌がり，ボタンをはずして斜に構えているような様子でした。

　でも，クリスマス会のときには彼は純真な園児に戻るのです。導入として，サンタクロースからの手紙を子どもたちが園庭で遊んでいる間に保育室に隠します。もちろん，年齢によって隠し場所は変えます。

　そこから，○○くんが変わっていくのです。担任にはもちろんそうでしょうが，妹の担任である保育者にも「サンタクロースが来る！」という喜びを全身で表現するのです。

　クリスマス会当日，全園児が集まる集会で，いつも行儀が良いとは言い難い○○くんが，背筋を伸ばして期待に溢れた表情でサンタクロースの登場を待っているのです。

　サンタクロースが登場したときの○○くんの感激の大きさはもちろん，いつもなら順番なんてどうでもいいや……と思いがちな○○くんが，並んで直接サンタクロースからプレゼントをもらうときのワクワクしている表情を見ると保育者も同じ思いになります。サンタクロースに握手をしてもらったときの○○くんの笑顔は最高です。

　また，子どもたち一人ひとりにプレゼントを渡したサンタクロースが帰っていった後のエピソードが素晴らしいのです。

サンタクロースが小さくなっていく鈴の音と共に去って行った後，クリスマス会は終わります。子どもたちはサンタクロースからもらったプレゼントを家に帰るまでに開けると消えてしまうという約束を守って，各自の保育室に戻ろうとします。そのとき，○○くんは気がつくのです。

　「先生！　見て！　あそこに氷のかけらがある！　ほら！トナカイの足跡もあるよ‼　本当にサンタさん，来てくれたんだー‼」

　実は，氷のかけらと築山に向かうソリの跡は，クリスマス会の間に園の管理作業員さんが準備してくれたもの。トナカイの足跡に見えたのは，前日の雨で園庭の土が柔らかくなり，朝の遊びで誰かがつけたパカポコの跡だったのです。○○くんの繊細な感覚と純粋な表現を共有し，一緒に感激しました。築山の頂上まで行き，空に向かって「サンタさ〜ん！　ありがとう‼」と叫びました。

　いつもは遅刻か登園時間ギリギリに登園してくる○○くんですが，翌日は開門前から待っています。保育者の姿が見えると，「先生！　トナカイの足跡まだある？」と大きな声で尋ねてきました。「門が開いたら一緒に見ようね」と答えました。開門後は，「まだ，トナカイの足跡残っているね」と一緒に余韻に浸りました。クリスマス会のとき，話した12匹のトナカイの名前も全部覚えていました。

　その後も面白いのです。保育者が「プレゼント何だったの？」と聞くとサッとクールな表情に変わって「また，カルタだった」と……。そして自分の保育室に戻って行きました。（毎年，プレゼントはその年齢に合わせたカルタなのです）

第8章

昼　食

　給食やお弁当を食べることには生命の保持のみでなく、心にも栄養を与える、つまり、情緒を安定させることにつながることは既に理解されていることと思います。

　保育者の言葉かけはそういう意味でも大変重要になってきます。保育者の笑顔や優しい言葉かけで子どもは食欲が湧きます。また落ち着いた環境づくりや衛生面にも十分配慮しなければなりません。一人ひとりの子どもの健康状態や食欲を理解して、適切な言葉かけをおこないましょう。また、昼食時は大変慌ただしくなりがちです。乳児の場合、離乳食を与えるときは細心の注意を払い、機械的に与えることのないよう、ゆったりとした雰囲気で温かい言葉かけのもと、「おいしい！」思いを子どもたちと共有できるようにしたいものです。

第 8 章 昼　　食

幼 児 編

1 「嫌い！　食べない！」と苦手な食べ物を食べようとしないとき

- 「先生は，これ，大好き！　○○くんも食べてみたらおいしいかもよ。小さくするから，ちょっとだけ食べてみる？　食べたらきっと縄跳びが上手になるかも」
- 「わぁ！　食べられた。えらいね！」
- 「なんだか，少し強くなったみたいよ。給食終わったら，縄跳びして見せてくれない？」

ワンポイントアドバイス

　最近の子どもの傾向として食べたことのない食品，食材が増えてきています。ですから，園での食育が重要になってきます。また，アレルギーに関しても十分な配慮が必要です。
　5歳児ならば，その食品を食べることで，身体の何が作られるかも理解できるようになりますので，食事を摂ることの大切さを学ぶきっかけになります。

2 食事のマナーが悪いとき

　　（手づかみで食べる・肘をついて食べる，食べ物が口の中に入っているときにおしゃべりをする・食事中に席を立つ等）

- 「○○ちゃん，お皿に手を添えて食べているから，とってもお行儀がいいね」

幼 児 編

● 「だから，こぼさなくて食べられるのね」

ワンポイントアドバイス

　食事のマナーは，家庭環境でかなり違ってきます。子どもにすれ
ば，家で当たり前のことがなぜいけないのか理解し難いかも知れま
せん。

　まずは，保育者が手本になること。そして，マナーができていな
い子どもを否定するのではなく，マナーの良い子どもを褒めること
で，周りの子どもの意識を高めましょう。

3 苦手なパンをランチョンマットに包んで，かばんに片付けようと
　　しているのを見つけたとき

● 「みーつけた！」
● 「○○ちゃん，先生と一緒に食べない？」
● 「先生と食べると，きっとおいしいわよ」
● 「わぁ，食べられたね。○○ちゃん，何だか，ちょっと大きくなっ
　たみたい」

ワンポイントアドバイス

　パンを捨てるのではなく，ランチョンマットに包んで食べ終わっ
たように見せる3歳児。この知恵の使い方に感心しました。でも，
食べ物の大切さや，マナーを伝えていくことが大切ですね。

4 給食の魚を○○くんが床にこぼしてしまったとき

　保育者が言葉かけをする前に，自分で雑巾を持ってきて「○○，（魚が
ついた雑巾を）洗ってくる。」「あー，お魚食べられなかったね。」と話し

第8章　昼　食

83

第8章 昼　食

　　たとき

- 「上手にお片付けできたね」
- 「新しい，お魚，どうぞ」

ワンポイントアドバイス

　　子どもが成長していれば，特別な言葉かけをしなくても，子どもがこのような言動に移すことができます。新しい魚を渡したとき，○○くんはにっこり笑って「ありがとう」と応えてくれました。愛おしいですね。

5 好き嫌いをするとき

- 「このきゅうりおいしいよ」「一口食べてみる？」「みんなで食べるとおいしいね」
- 「これを食べたらパワーがわいてくるよ」

ワンポイントアドバイス

　　好き嫌いせずに，なんでもおいしそうに食べている友だちや保育者の姿を見ることで，少し食べてみようかなという気持ちになるこ

幼児編

とがあります。

　また，楽しい雰囲気で会話しながら食事の時間を過ごすことで安心感をもち，苦手な物も口に運ぼうとすることがあります。負担にならないように，「食べてみようかな」と思えるように励ましましょう。

6 ゆっくり食べるとき

- 「みんなと一緒にごちそうさまできそうかな？」「もう少しがんばって食べようか」
- 「食べ終わったら何して遊ぼうかな」
- 「長い針が○にくるまでにごちそうさまできるかな」

ワンポイントアドバイス

　周りの状況に気づいたり，時間を意識したりできるように言葉かけをします。たとえば，時計がまだ読めなくても，数字やイラストで示すことができますね。また，次の活動の見通しをもてるようにすると，期待しながら食事することができます。

第8章　昼食

第8章 昼　食

乳児編

1　0歳児　授乳のとき

- 「お腹がすいたね」
- 「早く飲みたいね」
- 「ちょっと待ってね」
- 「おまちどうさま，ミルクにしましょうね」
- 「たくさん飲んでね」
- 「おいしいね」
- 「ごっくん，ごっくん。上手に飲めているね」
- 「あー，おいしかった。たくさん飲めたね。大きくなりますよ」

ワンポイントアドバイス

　　授乳は，落ち着いた環境の中で微笑みかけ，ゆったりと飲めるよ

うにしましょう。授乳の際は，乳児の目を見つめながらやさしく話しかけることで情緒が安定します。

2 排気のとき

- 「○○ちゃん，たくさんミルクが飲めたね。げっぷしようね」
- 「先生が，背中をトントンするよ」
- 「げっぷ出たね。よかったね。さあ，お散歩に行きましょう」

ワンポイントアドバイス

　乳児は，ミルクを飲むときに空気も飲み込みやすいので，授乳後に飲み込んだ空気を出す必要があります。これが「排気」です。大人のげっぷにあたります。乳児に対しても今からげっぷを出すことを伝え，やさしく乳児の背中を静かにさすります。

　げっぷが出たことや次の行動を乳児にやさしく語りかけましょう。

3 ０歳児　食事（離乳食）のとき

- 「なんだか，いいにおい。今日の給食は何かな」
- 「おいしいでしょう。モグモグしようね」
- 「○○ちゃん，どれを食べる？」

ワンポイントアドバイス

　やさしく語りかけ，楽しい雰囲気の中で食事をするようにしましょう。盛り付けた食器を見せ，「どれを食べる？」と子どもに食べたいものを尋ね，食事への意欲を大切にしましょう。

第8章　昼　食

4 食事の場面で口にしない，手に持ったものを放そうとするのとき

- 「いい匂いだね。どんな味かな」
- 「おいしそうね。先生，これ食べたらおいしかったよ」
- 「○○ちゃんも少しだけ食べてみない？」
- 「○○ちゃんが食べないから，先生と△△ちゃんたちと食べるのさみしいな」
- 「○○ちゃん，今日は食べてみる？　今日の□□はなんだかとってもいい匂いがしておいしそうよ」

ワンポイントアドバイス

　　1歳児クラスになると，好き嫌いもかなりはっきりしてきます。食事が進まないときや手に持った物を放そうとするときは，子どもの様子を見ながら食事を進めましょう。大人は少しでも多く食べさせようとしたくなりますが，その日のその子どもの食欲をよく観察し，食事の量を判断しましょう。

　　また年齢が低いほど，食べる量に個人差が見られます。無理強いは避けますが，嫌いな食材や食べようとしない食材を食べなくてよいというわけではありません。まずは，"ひとくち"の量をお皿に盛り付けます。最初は食べなくても，根気よく出し続けましょう。そして，「食べてみる？」と毎回言葉をかけ続けることが大切です。一口でも食べられたときは，「えらいね。」と褒めることを忘れないようにしましょう。

　　ただし，"ひとくち"が食べられたからといってお皿に盛る量をいきなり増やすのは禁物です。最初はやや少ないくらいの量を盛り付けて"おかわり"の経験をするよう配慮し，子どもが「食べられた」という自信と「おいしかった」という満足感をもてるようにし

乳 児 編

ましょう。

5 スプーンやフォークを使って食事ができるようになったとき

- 「○○ちゃん，スプーン（フォーク）を持って食べられるのね。お姉さん（お兄さん）になったね」
- 「上手にスプーン（フォーク）が，持てるようになったね」

ワンポイントアドバイス

　スプーンやフォークを使って食事ができている場面では，子どもが誇らしい気持ちがもてるよう言葉をかけましょう。

6 スプーンやフォークを使って食事をしないとき

- 「○○ちゃん，今日はちょっとスプーン（フォーク）を持って食べてみない」
- 「こうやって，フォークを持って，グサッとお芋にさしてパクッと食べるのよ」
- 「ああ，おいしい」
- 「できた。できた。フォークで食べられたね」

ワンポイントアドバイス

　1歳児ではスプーンやフォークを持っての食事ができるようになってきますが，まだまだ技術が未熟なため気持ちはあっても面倒になり，結果として手づかみで食べるという姿が見られます。保育者が手を添えて，子どもがスプーンやフォークを使って食事をする援助を根気よく繰り返しましょう。子どもは道具を使って食事をする経験を重ねることで，少しずつ上手に使えるようになります。

第8章 昼食

89

第8章 昼 食

7 嫌いな食べ物が出たとき（2歳児）※保育のひとこま

● 今日の給食の献立は，ウサギパン・鶏肉のホワイトシチュー・フライドポテト・人参とブロッコリーのサラダ・桃のゼリーです。
野菜嫌いな○○ちゃんは，ウサギパンとフライドポテトだけを食べています。シチューとサラダは手つかずのまま。「シチューおいしいよ。人参さんも食べよう。パクッ。ああ，おいしい」と保育者。「いや」と○○ちゃん。
「△△ちゃん，シチューおいしい？　先生にも食べさせて。あーん」
「わぁ，おいしい。△△ちゃん，○○ちゃんにも食べさせてあげて」
△△ちゃんが，食べさせてくれます。
○○ちゃんは，パクッとスプーンにのっていた人参を食べました。
「○○ちゃん，人参さん食べられたね。おいしいね」と保育者も○○ちゃんが人参を食べたことを共に喜び，言葉をかけました。

ワンポイントアドバイス

　子どもにとって食事は，その日の体調や気分，盛り付けにも左右されます。他の子どもとのかかわりを通して嫌いな物も少しずつ食べられるような言葉かけを工夫したいものです。

8 食事のとき（2歳児）※保育のひとこま

● 2歳児クラスのテーブルでは，配膳が終わると保育者は「食事の挨拶をしますよ。手を合わせて，いただきます」と子どもに言葉をかけます。お茶碗を持たずに食べている子どもには，「お茶碗を持って食べようね」と，お茶碗のふちに手をかけて持っている子どもには，「お茶碗を持つときは，指がお茶碗の中に入らないように持ち

乳児編

ましょう」と言葉をかけながら手を添えて持ち方を教えます。
「そうそう，上手に持てていますよ」持ち方が上手になったら必ず
褒めます。
食事が終わったら，「おいしかったね。みんなで，ごちそうさまの
挨拶をしますよ。はい，ごちそうさまでした」とみんなで挨拶をし
ます。

ワンポイントアドバイス

　食事の時間は，子どもが空腹を満たし栄養を摂取するだけでなく，
食事の挨拶，食器の使い方，食事のマナーなどその国の食習慣や食
文化を身につけていく機会ともなります。保育者は，食文化の伝え
手となります。やさしい言葉遣いと温かな雰囲気の中で，子どもが
身に付けていけるような言葉かけと援助を繰り返すことが大切です。

9 苦手なものが食べられずに，食事が進まない子どもに対して

● 「全部は食べられないね。ちょっとだけにしてみようね」

ワンポイントアドバイス

　苦手なものを口に運ぶことは，勇気のいることです。すべてを食
べることはできなくても，少し口に運ぶことならやってみようと思
うかもしれません。また，実際に目の前で量を減らすことで食べて
みようという意欲につながるきっかけにもなります。

第8章　昼食

第8章 昼　食

10 昼食時に眠たくなってしまって，ウトウトしている子どもに対して

- 「お腹いっぱいになったら眠たくなるよね。あと一口食べたらお昼寝しようね」

ワンポイントアドバイス

　　お腹がいっぱいになったら眠たくなるのは，人間の生理現象です。何事にも一生懸命に取り組む子どもたち，特に乳児は，昼食時にウトウトする姿がよく見られます。ある程度食事が済んでいるのであれば，午睡後におやつの時間もありますので，午睡に入る準備をすすめましょう。

11 よく噛まないで，飲み込んでいる子どもに対して

- 「お腹がびっくりするから，モグモグして食べようね。(保育者が口を動かせて見本を見せる)」

ワンポイントアドバイス

　　ミルクから離乳食へ，また，離乳食から幼児食へと，特に0歳児では食事の形態が大きく変わります。咀嚼する力が未発達なので，あまり噛まずに飲み込んでしまう子どもが多く見られます。そんなときは，子どもたちにわかりやすい表現で「モグモグ」「カミカミ」など噛むことをイメージできる言葉をかけましょう。

乳児編

12 アレルギー除去食など，他児の食事に興味を示した場合

- 「○○ちゃん（くん）のご飯おいしそうだね。でも，△△ちゃんのご飯もとってもおいしそうだね」

ワンポイントアドバイス

　最近，アレルギー症状のある子どもが増え，除去食の対応が非常に多くなっています。保育者は誤食がないように細心の注意を払っていますが，乳児は目に入ったものに手を伸ばすこともあります。命にもかかわることですので，「食べちゃダメ！」と大きな声で言ってしまいそうですが，落ち着いて言葉をかけるようにしましょう。

第8章　昼食

Column 12

※ 自分でする ※

　何かあると，すぐにべそをかいていた○○くん。ある日，お茶をこぼしてしまいました。涙が出るかと思っていたら，「これ（コップに残ったお茶）飲んだら拭くね。」と伝えてくれました。保育者として「また」と思ってしまったことを反省しました。本来はすぐに拭いて欲しいところですが，○○くんが自分で考えた行動を尊重しました。「自分で考えられてえらいね！　じゃあ，お片付けお願いするわね。」と応えました。保育者として，とてもうれしい出来事でした。

　子どもは日々成長します。保育者の思い込みで判断せず，小さな成長を見逃さず，子どもの自信につなげられるような言葉かけができるよう心がけたいですね。

第9章

午　睡

　保育時間が長い保育所では，生活や遊びが安全で充実しておこなわれるためには生活のどこかで体を休める必要があります。平成2（1990）年の保育所保育指針改訂以後，保育所生活の中で睡眠をとるというより体を休めるという位置づけで午睡が考えられるようになっています。また，無理やり午睡や休息をさせるのではなく，子どもの成長に合わせて，休息する意味がわかり，子ども自らが睡眠や休息をとるようになることが子どもの育ちとして目指されています。

　保育者の日々の言葉かけから1歳児，2歳児にもそのような意識が芽生え，育っていきます。

第9章 午　睡

乳児編

1 午睡時なかなか寝付けないとき ①

- 「目を開けていていいから，ごろんしようか」

ワンポイントアドバイス

　　なかなか寝付けないときも，午前中しっかり遊んだ子どもの体は，休息を求めています。まずは，横になり体を休めるよう促すことが大切です。

2 午睡時なかなか寝付けないとき ②

- 「どうしたの？　眠れないの？」「○○ちゃんは，まだ遊びたい？　それとも寝たい？」
- 「みんなは，お昼寝しているね。○○ちゃんは，どうする？」

ワンポイントアドバイス

　　眠れない子どもの姿を見つけたら，まずは「どうしたの？」と理由を聞いて，子どもの気持ちを受け止めることを心がけましょう。周りの状況がわかるようになってきた子どもには，子ども自身が自分のことを考えるように促します。そして，「みんなも寝ているから，自分も寝よう」と判断することができるような言葉かけをしましょう。

乳児編

3 午睡時の着替えのとき（2歳児）※保育のひとこま

●午睡前，パジャマに着替えている○○ちゃん。パジャマのボタンを
はめようと奮闘しています。なかなかうまくいきません。保育者は，
○○ちゃんの様子をうかがっていましたが，今にも泣きだしそうに
なった様子をとらえて，「○○ちゃん，ボタンはめられるように
なったのね。先生も一緒にやっていい？」と言葉をかけました。
「うん」と○○ちゃん。
「○○ちゃんは，こっちがいい？　それとも，こっちがいい？」と
保育者はボタンをはめるところを尋ねました。「こっち」と○○
ちゃん。しばらくして，○○ちゃんは，自分が選んだボタンをはめ
ることができました。
「○○ちゃん，上手にボタンがはめられたね」と言葉をかけ，でき
たことを一緒に喜びました。

ワンポイントアドバイス

　　着脱に関心をもち，少しずつ自分でできることも増えてきます。
「自分で」と何でも自分でやらないと納得できない反面，うまくで
きなくて「できない」と泣き出したり，「やって」とできるところ
も大人に甘えて，して欲しがったりもします。事例のように，たく
さんのボタンをはめるときは，「どっちの穴にボタンをはめる？」
と，子どもが自分で選べるような言葉をかけ，自分で選べたことや
自分でできたことに満足感がもてるような言葉かけをしましょう。

4 おねしょをした子どもに対して

●「おしっこいっぱい出たね。濡れているから着替えて気持ちよくな

第9章　午睡

97

第9章 午　睡

> ろうね」

ワンポイントアドバイス

　子どもはおねしょをしようと思ってしているわけではありません。そのため，おねしょをしたことを注意するようなことはせず，まずは着替えて気持ちよくなろうと伝えましょう。濡れてしまったままでいることは，気持ちのいいものでないことを気付かせることも乳児期には大切です。

5 途中で起きてしまった子どもに対して

- 「○○ちゃん，目が覚めたのかな？　先生と一緒にもう少しお昼寝しようか？」（睡眠時間が短い場合）
- 「いっぱい眠れたかな？　先生と一緒にお友だちが起きるまで待っていようね」（十分に睡眠時間がとれている場合）

ワンポイントアドバイス

　子どもの状態によって，眠りが浅い場合もあります。途中で目が覚めてしまったとき，睡眠時間が短い場合は保育者がそばに行き，ゆったりした環境を作り，もう一度眠りにつけるようにかかわりましょう。ただ，十分に睡眠時間がとれている場合は，もう一度眠りにつくことは難しいですので，保育者のそばで遊べる環境を作ることが望ましいです。

6 眠たくて，起きられずにいる子どもに対して

- 「まだ眠たいね。いっぱい寝て元気になったかな？　起きたら，み

乳児編

んなでおやつを食べようね」

ワンポイントアドバイス

　ぐっすり眠ってすっきりした子どももいれば，なかなか目覚められず，布団の中でじっとしている子どももいます。無理やり起こされるのは気持ちのいいものではありません。まずは，眠たいという気持ちを受け止めましょう。そのうえで，子どもたちの楽しみな時間でもあるおやつが待っていることを伝えて，次の行動の見通しをもてるようにしましょう。

7 なかなか午睡ができないとき

- 「横になってゆっくり体を休めてあげようね」
- 「目を開けていてもいいから，ごろんしようか」
- 「○○ちゃんはまだ遊びたい？　それとも寝たいのかな？」
- 「みんな寝てるね。○○ちゃんはどうする？」

ワンポイントアドバイス

　午睡の時間になっても寝付けない子どもがいます。そのようなときは，子ども自身が自分のことを考えるような言葉をかけましょう。
　また，寝付けないときに布団で横になることは子どもにとって苦痛に感じるときがあります。そんなときは無理強いせず，保育者が横について，子どもがゆっくり体を休める環境を作りましょう。そうすることで安心感が生まれ，自然と眠りにつくことができます。
　また午前中，しっかり遊んだ身体は休息を求めています。寝たくないと言う子どもに対してもまずは横になることを促しましょう。
　また，眠れない子どもの姿を見つけたら，まずは「どうした

第9章　午睡

99

第9章 午　睡

の？」と理由を聞いて子どもの気持ちを受け止めることを心がけましょう。寝ることを強制する姿勢は禁物です。

8 子どもたちを午睡に誘うとき

- 「さあ，みんなでお昼寝しましょう」
- 「お昼寝をしている間に○○ちゃんの体にエネルギーがいっぱいたまって元気モリモリになるよ」
- 「お昼寝から起きたら，元気いっぱいになるのよ」
- 「お昼寝から起きたら，またいっぱい遊ぼうね」
- 「さあ，お布団にごろんしようね」
- 「そうそう，えらいね」
- 「さあ，目を閉じて。体にエネルギーいっぱいたーまれ」

ワンポイントアドバイス

　子どもに対して午睡をすることで身体の疲れが回復し，午前中と同じぐらいの集中力で遊べるようになることを子どもにわかる言葉で伝えます。そうすることで，子どもも午睡の必要性を子どもなりに感じとることができます。

Column 13

❈ 大好きだから，思わず…… ❈

　虫探しが大好きな○○くん。公園に散歩に行ったときや園庭で遊んでいるときも大きな石をひっくり返しては夢中になって虫探しをしていました。

　ある日の午睡の時間。○○くんが眠っている布団の周りをなにやら小さくて黒いものが動いていました。近付いて見てみると，ダンゴムシが○○くんの周りを動いていました。虫が好きすぎるあまり，一緒にお昼寝をしようと思い，パジャマの胸ポケットにそっとしまいこんでいたようです。目覚めた○○くんに保育者は「ダンゴムシと一緒に寝たかったの？　ダンゴムシもゆっくり寝られるようにお部屋を作ってあげようね。」と伝え，一緒に小さな飼育箱へダンゴムシを移しました。

　布団の中にダンゴムシを持ち込むことは確かに不衛生なことかもしれません。ただ，子どもが身近なものを慈しむ心は大切にしたいですね。子どものどんな気持ちを育んでいきたいのかを考えたかかわりに視点をおくことを心がけたいですね。

第10章

おやつ

　給食やお弁当と同様，大切な保育のひとこまです。子どもたちが楽しみにしている姿を受け止めたり，また，「もうすぐおやつだから○○しようね。」等とおやつを楽しみに誘導することもできるでしょう。衛生面に配慮しながら，おいしく食べられるような言葉かけをおこないましょう。
　また，アレルギーのある子どもたちには細心の注意を払うことが重要です。

第10章　おやつ

幼児編

1 おやつを食べるとき

- 「みんなで食べるとおいしいね」
  「○○ちゃんはどのおやつが好き？」

ワンポイントアドバイス

　　楽しいおやつの時間をみんなで共有できるような言葉かけをしましょう。会話が盛り上がるような問いかけなどもしてみましょう。

2 子どもたちがついた餅を自分で丸め，食べているとき

- 「あったかくて，柔らかいね」
- 「みんなが力一杯ついてくれたから，びよ〜んって伸びるね」
- 「何をつけて食べる？」
- 「おいしいね。ゆっくり噛んで食べてね」
- 「お家の人たちにもお話してあげてね」

ワンポイントアドバイス

　　最近は家庭で餅つきをすることはほとんどありません。ましてや杵や臼を使っての餅つきを実際経験することができるのは，園ならではのことだと思います。保育者が伝承行事をしっかりと理解し，子どもたちに伝えていきましょう。

幼児編

3 子どもたちが毎日世話をしたきゅうりを食べるとき

- 「みんなが毎日一生懸命お世話をしたから，こんなにおいしそうなきゅうりができたのね」
- 「カリッて音がするね」
- 「とってもおいしいね」

ワンポイントアドバイス

いつもは苦手で食べられない子どもも，自分で水やりや草抜きなどの世話をし，自分で収獲したものは，食べることができる場合が多くあります。それがきっかけとなり，食べ物に興味をもち，食べることの大切さを学ぶことができます。

4 収獲した芋を焼き芋にして食べるとき

- 「大きなお芋だね」
- 「クンクンクン，いいにおい」
- 「ホクホクね。どんな味？」

ワンポイントアドバイス

焼き芋はできれば，園庭等で安全管理に十分気をつけて，実際に葉っぱを集めて焼きたいところですが，時代と共に難しくなってきました。子どもと一緒に芋の苗挿しから芋掘りまでを行う場合は，保育者の知識が必要です。でも，一方的に伝えるのではなく，子どもと一緒に気づき，学ぶ姿勢を大切にしましょう。

第10章　おやつ

105

第10章　おやつ

乳児編

1 話に夢中になって，食べるペースがゆっくりな子どもに対して

- 「おやつ食べたら，○○して遊ぼうね」（次の活動の見通しがもてるような配慮を行う。）

ワンポイントアドバイス

　　午睡をして英気を養った子どもたちは，おやつの時間はさらに元気になります。パワーが有り余って，友だちとのおしゃべりに夢中になって，食が進まないということもしばしばです。そんなときは，次に行動の見通しがもてるように具体的に「○○して遊ぼうね。」と伝えると気持ちの切り替えにつながります。

2 授乳の際に

- 「今からミルク飲もうね」
- 「この哺乳瓶で飲むよ」
- 「あったかくておいしいね」

ワンポイントアドバイス

　　乳児には，授乳の際だけでなく，何か行動を起こすときには必ず言葉を添えるように心がけてください。突然予想もつかないことを保育者にされて驚いてしまわないように，言葉を添えると，行動と言葉が結びつき認識できるきっかけとなります。

乳児編

このように継続して言葉をかけていると，子どもが言葉をきいてその行動に向けての準備ができるようになります。

3 おやつに苦手な食べ物が出たとき（2歳児）※保育のひとこま

2歳児クラスのおやつの時間です。「牛乳とさつまいものういろ風」です。

○○ちゃんは牛乳が苦手ですが，今日は少しずつ飲んでいます。保育者は「もっと飲んで」「がんばれ」と残っている牛乳を飲むよう言葉をかけています。

○○ちゃんにクラスの子どもたちは「がんばれ」と応援をします。保育者も「がんばれ」と言葉をかけます。○○ちゃんは，牛乳をすべて飲みました。

「えらーい」と保育者は拍手をしました。○○ちゃんの口の回りが牛乳で白くなっています。

「○○ちゃん，王様のおひげみたい」と保育者は言いながら，鏡のところまで連れていき顔を見せます。

「ほらね，牛乳をみんな飲めたから，○○ちゃんは王様になったよ。えらかったね」「さあ，口を拭いてきれいにしましょう」保育者は言葉をかけながら○○ちゃんの口の回りを拭きます。

保育者と○○ちゃんは，一緒に「ごちそうさま。」を言いました。

ワンポイントアドバイス

子どもが主体的に牛乳を飲むような言葉かけが大切です。また，2歳児の子どもであっても，友だちの「がんばれ！」の応援は牛乳の苦手な子どもへの後押しとなり飲めるようになったりします。保育者の子どもを応援する「がんばれ！」の言葉かけと態度が子どものお手本となっていきます。

第10章　おやつ

107

第10章　おやつ

4 おやつをもっと食べたいとぐずっている子どもに対して

● 「これを食べたらおしまいにしようね。（一口程度のおかわり）
　（食べ終わったお皿を見せながら）全部食べて空っぽになったね。
　ごちそうさまでした」

ワンポイントアドバイス

　おやつは子どもにとって楽しみな時間のひとつです。給食では苦
手なものがあっても，おやつはいくらでも食べられるという子ども
もいます。「もっと食べたい！」とぐずってしまう場面もよく見ら
れます。そんなときは，目の前のお皿に一口程度入れて「これを食
べたらおしまいにしようね。」と伝えて口に運んであげましょう。
そして食べ終わったお皿を見せて「ごちそうさまでした」と一緒に
言葉にすることで食べたという気持ちが満たされます。

5 おかわりが欲しいけれど，なかなか伝えられない子どもに対して

● 「○○ちゃん，おかわりいるの？　先生と一緒に言ってみようね。
　おかわりちょうだい。」

ワンポイントアドバイス

　0歳児ではまだまだ発語が少なく，自分の気持ちを言葉で表すこ
とは難しいです。また，1・2歳児でも自信がなくて気持ちを言い
出せない子どももいます。そんなときは，子どもの仕草や表情を見
て，子どもの気持ちを保育者が一緒に言葉にするなどして，言葉で
伝える経験をしていきましょう。

乳児編

6 おやつを食べるとき（1歳児）

- 「○○ちゃん，おいしいおやつの時間ですよ」
- 「さあ，○○ちゃんの椅子に座りましょう」
- 「上手に座れたね。今日のおやつは，大きなせんべいが2つと牛乳ですよ」
- 「いただきます」
- 「○○ちゃん，コップ持てるかな」
- 「上手。一人でコップ持てたね」
- 「ゆっくり牛乳飲んでみようね」
- 「あー，おいしいね。上手に牛乳飲めたね」
- 「おせんべいも，はい，どうぞ」「おいしいね」
- 「○○ちゃん，見て。△△ちゃんもおせんべいを食べているよ」
- 「○○ちゃんと△△ちゃん，おんなじおんなじ。まあるいおせんべい，おいしいね」「すこし，硬いかな」
- 「ぺろぺろしてたら，やわらかくなってきたね」
- 「おいしかったね。みんなで，一緒にごちそうさまでした」

第10章 おやつ

第10章　おやつ

ワンポイントアドバイス

　0歳児，1歳児の子どもたちは保育者の話す言葉をよくきいています。その言葉から，物と言葉を一致させながら語彙を増やしていきます。そして，子ども自身が言葉を使うことができるようになります。保育者は，食事の場面で子どもに「おいしい」「いただきます」「ごちそうさま」等の言葉をかけるだけでなく，その場の状況から多面的に「大きい」「硬い」「おせんべい」「同じ」のように具体的な言葉を添えるよう意識してみましょう。

第11章

降園の準備

　降園時間が近づくと慌ただしくなりがちです。しかしこの時間こそ，今日一日変化はなかったか，子どもたちの健康状態や精神状態等を最終チェックする大切な時間となります。配布物を配りながら，また，出席ノートを返却しながら子どもたちの様子をしっかり確認しましょう。また，時間がないからといって，子どもたちを慌てさせたりすることのないよう十分な時間を確保し，着替えや荷物の準備に対しても温かい言葉かけをおこなうようにしましょう。

第11章　降園の準備

 # 幼児編

1 家庭へ持って帰る手紙を配布するとき

● 「郵便，郵便で〜す。ポストをおねがいしま〜す」

ワンポイントアドバイス

　　ただ事務的に手紙を配布するのではなく，それも遊びのひとつにすると楽しいですね。子どもは通園かばんのポケットをあけ，ワクワクして手紙が配達（保育者から手紙を受け取る）されるのを待っています。

2 着替えを済ませ，スモックをきれいに畳んでいるとき

● 「わ〜！　○○ちゃん，クリーニング屋さんみたいね」

ワンポイントアドバイス

　　子どもの様子を見ていると，驚いたり，感心したりすることがた

幼児編

くさんあります。発見したときは，しっかりと褒めましょう。褒められた子どもの自信にもつながりますし，子どもたちへの影響もあるはずです。

3 週末の荷物を準備するとき

● 「さあ，何が出てくるかなぁ」

ワンポイントアドバイス

　週末の荷物の準備のとき，ただ，手提げ袋や上靴袋を普通に配るのではなくワクワクする活動にしたいですね。ケースの中から手提げ袋のほんの一部分を見せて，自分の物を当てます。3歳児でも1学期後半には，友だちの持ち物の特徴を覚えて，本人よりも先に当てることができます。

4 出席ノートを返却するとき

● 「今日はどうやって出席ノート，返そうかなぁ……」

ワンポイントアドバイス

　これも帰りの準備での楽しい活動です。

　テーブルの上に出席ノートをうつぶせて置いて，子どもが順番にめくっていきます。子どもは自分の物が見つかれば，かばんの中に片付けます。

　いろいろな返却方法がありますので，子どもは「先生，今日はどうやるの？」と楽しみにすることができます。

第11章　降園の準備

第11章　降園の準備

5 「帰りたくない」と言うとき

- 「今日も楽しかったね！　明日も楽しいことたくさんしようね」
- 「明日も会えるの楽しみだなぁ」
- 「お家に帰って，幼稚園のこと，お母さんにお話してあげてね」
- 「明日，幼稚園で，お母さんとお話したこと聞かせてくれるの，楽しみにしてるね」

ワンポイントアドバイス

　子どもの表情が明るければ，こういった会話で，明日の登園を楽しみにできるようにします。でも，子どもの表情が違っていたら，園に，帰りたくない原因があるのかも知れません。しっかりと様子を見て，対応しましょう。

6 疲れて準備が進まないとき

- 「バス停でお母さんが待ってくれてるよ」
- 「先生と一緒に準備しようか」
- 「お帰りの準備ができたらみんなでこの絵本を見ようね」

ワンポイントアドバイス

　「今日はプールに入っていっぱい遊んだから疲れたね。」など，疲れてクタクタであったり，暑さで体がだるかったりする子どもの思いをしっかり受け止めましょう。保護者が待ってくれていることがイメージできたり，先生が手伝ってくれるから頑張ってみようと思えたり，大好きな絵本を友だちと一緒に見たいから，最後まで準備を頑張ったりできるような言葉かけを考えましょう。

乳児編

1 自分の持ち物を片付けずに，遊びに夢中になっている子どもに対して

- 「いっぱい遊びたいよね。今から先生とお片付け競争してから遊ぼうか？」

ワンポイントアドバイス

　　子どもたちの生活の中心は遊びですので，夢中になることは自然な姿です。なかなか片付けに気持ちが向かないこともよくあります。そんな時は，保育者と一緒に遊びの要素を取り入れて片付けをすることもひとつの方法です。子どもも保育者も楽しみながら，生活習慣を身につけていきたいですね。

2 自分のものと勘違いして，友だちのタオルやコップを誤って持ってきたとき

- 「○○ちゃんのコップ持ってきてくれたの？　ありがとう」
- 「次は△△ちゃんの分（自分のもの），持ってこれるかな？」

ワンポイントアドバイス

　　自分の物を持ってきたつもりでも，間違えて持ってきてしまうことはよくあることです。そんな時に「○○ちゃん，違うよ。」と言われると，なんだかやる気を否定されているように感じませんか？

第11章　降園の準備

まずは，そのやる気を受け止めて「ありがとう」と伝えてみましょう。きっと子どもは達成感に満ちた笑顔を見せてくれるはずです。そのうえで，もう一度自分の持ち物を取りに行くように言葉をかけてみてください。

3 帰りの準備に気持ちが向かず，カバンやロッカーの中が気になる子どもに対して

- 「○○ちゃんは，いろんなものが気になって見たくなるんだね」
- 「帰りの準備をしてからゆっくり見ようね」

ワンポイントアドバイス

　　○○ちゃんは帰りの準備が「できない」のではなく「やらない」だけなのです。帰りの準備をすることより上回る興味が，カバンやロッカーの中にあるのだと思います。「できない」は少し気になりますが「やらない」のであれば少し様子を見てみましょう。園生活は集団生活ですので，どうしてもペースがゆっくりな子どもを急がすような言葉をかけてしまいがちですが，その子どもに応じた言葉をかけるように心がけましょう。

第12章

降　　園

　降園は一日の締めくくりとなります。一人ひとりと挨拶を交わしながら，明日への期待が膨らむような言葉かけをおこないましょう。また，子どもたちの健康状態で変化が見られたことは必ず保護者に伝えます。たとえ小さな切り傷でも保護者は不安なものです。見逃さず，丁寧に伝えるよう配慮しましょう。

第12章 降　園

 # 幼 児 編

1 子ども一人ひとりと挨拶を交わすとき

- 「今日は○○ちゃんと砂場でお団子いっぱい作っていたね。また，明日も○○ちゃんとお団子作るのかな？」
- 「今日はピーマンが食べられたね，今頃△△くんのお腹の中でピーマン大活躍しているよ」

ワンポイントアドバイス

　「先生は，私のことをちゃんと見ていてくれている」という安心感や明日の遊びや友だちとの関わりを意識した言葉かけを行うことで，子どもたちは知らず知らずのうちに目的をもって登園するようになります。そのためにもしっかり一人ひとりの状況を把握するようにしましょう。

2 通園バスに乗れず子どもが悲しんでいるとき

- 「ごめんなさいね。でも，大丈夫よ。お母さんにお電話したから。すぐに幼稚園にお迎えに来てくれるって」
- 「お母さんが来てくれるまで，先生と一緒に待っていましょうね」

ワンポイントアドバイス

　あってはならないことなのですが，連絡不足や確認不足で，『お迎え』だと勘違いしてしまうことがあります。そんなときの子ども

幼児編

の不安は計り知れません。迅速な対応と，子どもの心のケア，保護者の信頼回復が重要です。また場合によっては，自宅までタクシーで送っていくこともあります。

3 預かり保育で，保護者の迎えが遅いとき

- 「大丈夫よ。きっとお母さん，すぐ近くまで来てくれてるはず。○○くんに早く会いたくて，一生懸命自転車こいでるんじゃないかなぁ」
- 「お迎えに来てくれるまで，先生と折り紙して待っていましょう」

ワンポイントアドバイス

　友だちが次々と帰宅していく中，徐々に日が暮れていくと，子どもの不安はさらに募ります。こんなときこそ，少しでも安心できる言葉かけと，スキンシップがとれる遊びをすることが大切ですね。

4 降園の挨拶をするとき

- 「明日も楽しく遊ぼうね」
- 「明日はプール遊びがありますよ。水着の準備をしてきてね」
- 「明日も幼稚園で待ってるね」
- 「明日も元気に幼稚園に来てね」

ワンポイントアドバイス

　明日の園生活に期待感がもてるような言葉かけをしましょう。自分で翌日の準備を進んでしたり，保護者に伝えようと考えたりできるような話もします。「明日も園で先生が待ってくれている！」ということが喜びにつながると，元気に登園してきてくれることでしょう。

第12章　降園

119

第12章 降　園

乳児編

1 保護者が迎えに来たときの子どもに対して

- 「今日は○○して楽しかったね。明日は△△して遊ぼうね」

ワンポイントアドバイス

　　大好きなお母さん（お父さん）がお迎えに来てくれるこの時間は，子どもたちにとって非常にうれしいひとときです。今日の一日をふり返り，また明日登園することが楽しみになるような言葉をかけ，期待感をもてるようにしましょう。

2 保護者が迎えに来た際に，急に駄々をこねて泣き出した子どもに対して

- 「○○ちゃん，頑張って待っていてくれたんだね。えらかったね」
- 「お母さん（お父さん）がお迎えに来てくれてうれしいね」

ワンポイントアドバイス

　　大好きなお家の方が迎えに来てくれたとたん，それまで機嫌よく遊んでいた子どもが急に泣き出すことはお迎えの時間にはよく見られます。一生懸命仕事をされて，迎えに来てくださった保護者にとってはちょっとつらい時間になってしまいます。保育者は，子どもが頑張って待っていた気持ちを受け止める言葉をかけましょう。また，保護者を労う言葉も添えることも心がけましょう。

乳児編

3 保護者が迎えに来ても，遊びに夢中になって帰ろうとしない子どもに対して

- 「○○ちゃん，△△して遊ぶの楽しいね。この続きはまた明日しようね。お母さん（お父さん）と一緒に帰ろうね」

ワンポイントアドバイス

　　保護者が仕事を終えて，大急ぎで迎えに来てくださっても，子どもは遊びに夢中になってなかなか帰ろうとせず，困り顔の保護者を見かけることがあります。なかなか遊びに区切りが付けられずにタイミングを逃されているときは，保育者が間に入り子どもに言葉をかけましょう。そうすることで保護者の方も感情的にならず，また，子どもは明日への期待感をもつことにつながります。

第12章 降園

Column 14

※ ガタンゴトン ※

　これは，入園して初めて電車に乗って園外保育に行く前の保育です。安全について子どもたちが理解できるように，普段の保育の中に電車ごっこを取り入れました。

　「2号線に間もなく電車が到着します。危険ですので，黄色い点字ブロックまでさがってお待ちください。」「お降りの方が降りられましたら，順に車内奥までお進みください。」「ガタンゴトン。キー！　ただいま前方で無理な横断があり，自動急ブレーキがかかりました。ご注意ください。」など，普段は保護者と何気なく乗っている電車を，園児椅子を座席に見たてて座り，身体を進行方向やカーブに合わせて動かしてごっこ遊びをしました。保育者の「カーブにさしかかります！」との言葉に子どもは「わあー」と歓声をあげながら，保育者と同じ方向に身体を傾け，電車がカーブを曲がる様子を楽しんでいました。

　保育者は，保護者のいない電車での園外保育のねらいを十分理解し，詳細な計画を立てて実施する必要があります。

Column 15

※ 本当は大好きなお母さん ※

　週に一回の保育室での降園（普段はバス通園）。その週の子どもたちの様子を保護者に伝えます。

　その日は，クラスで楽しんでいた『モグラ体操』を披露しました。子どもたちは保護者に体操を見てもらうことがとてもうれしいようでした。

　いつもは母親に対して乱暴だったり，わがままを言う○○くん。母親の話をすることもほとんどありませんでした。

　そんなある日，「ねえ。先生，お母さんがまた，モグラ体操，見たいって。」と話してくれました。クールでシャイな○○くんの話がうれしくて「じゃあ，明日のお帰りのときに，見てもらいましょうね！」と約束しました。

　○○くんは，「やったー‼」「お母さんが喜ぶ‼」とはしゃいでいました。

　○○くんの想いに応えることで，○○くんも母親への愛情表現が変わったようでしたし，保育者との信頼関係も深まったように思いました。

執筆者紹介（執筆担当）

栢 植 誠 子（つげ・せいこ，華頂短期大学・幼児教育学科准教授）

藤 原 牧 子（ふじわら・まきこ，甲子園短期大学・幼児教育保育学科専任講師）

松 元 早 苗（まつもと・さなえ，大阪成蹊短期大学・幼児教育学科講師）

園 田 育 代（そのだ・いくよ，大阪成蹊短期大学・幼児教育学科講師）

向 井 秀 幸（むかい・ひでゆき，大阪成蹊短期大学・幼児教育学科講師）

子どもの心に届く言葉かけ
——保育の内容とその方法——

| 2018年2月1日　初版第1刷発行 | 〈検印省略〉 |
| 2024年3月30日　初版第2刷発行 | |

定価はカバーに
表示しています

	柏	植	誠	子
	藤	原	牧	子
著　者	松	元	早	苗
	園	田	育	代
	向	井	秀	幸

発行者　杉　田　啓　三

印刷者　坂　本　喜　杏

発行所　株式会社　ミネルヴァ書房

607-8494　京都市山科区日ノ岡堤谷町1
電話代表　(075)581-5191番
振替口座　01020-0-8076番

Ⓒ柏植・藤原・松元・園田・向井, 2018　　冨山房インターナショナル・
吉田三誠堂製本

ISBN 978-4-623-08279-7
Printed in Japan

新しい保育講座12
保育・教育実習

大豆生田啓友・三谷大紀・松山洋平 編著
Ｂ５判　202頁　本体2200円

アクティベート保育学12
保育・教育実習

汐見稔幸・大豆生田啓友 監修
矢藤誠慈郎・髙嶋景子・久保健太 編著
Ａ５判　208頁　本体2000円

実践につながる 新しい教育・保育実習
──自ら学ぶ実習を目指して

谷口征子・大浦賢治 編著
Ｂ５判　208頁　本体2200円

事例を通して学びを深める施設実習ガイド

田中利則 監修
加藤洋子・一瀬早百合・飯塚美穂子 編著
Ｂ５判　232頁　本体2400円

── ミネルヴァ書房 ──
https://www.minervashobo.co.jp/